Femme debout

Ségolène Royal

Femme debout

Entretiens avec Françoise Degois

DENOËL

À Nelson Mandela.

« En faisant briller sa propre lumière,
on permet aux autres de faire briller la leur. »

S. R.

Pour ma sœur tant aimée, Christine,
où que tu sois.

F. D.

Que savons-nous vraiment d'elle ? Malgré les milliers de reportages de ceux qui suivent, d'éditoriaux de ceux qui savent, d'interviews de ceux qui cherchent ? Malgré les heures passées ensemble et séparément dans les trains, les avions, sur le terrain, du Sénégal à la banlieue de Roubaix, de la bande de Gaza au Marais poitevin ?

Qu'est-ce que je sais vraiment d'elle, moi qui suis censée en savoir tellement plus que tant d'autres ? Moi qui l'ai supposément fait désigner, avec l'aide de quelques amis journalistes, vaste complot médiatique ayant donné corps à une imposture. Il y a encore des socialistes, et non des moindres, pour le croire. Deux ans après, leur rage ne s'est toujours pas atténuée. Tel cet illustre, lançant d'une voix métallique au cours d'un dîner : « Il faut faire sauter ces verrous », devant quelques autres illustres qui opinent du chef. Les verrous… Ces journalistes dont je ferais partie, qui auraient donné vie à une créature sans substance nommée Ségolène Royal. Le déni de réalité est probablement, avec l'arrogance, la plus grande défaillance en politique. L'incapacité à admettre ses erreurs, à accepter les qualités de son adversaire, à se réformer, à pardonner aussi. La distance qui sépare un grand leader d'un dirigeant médiocre.

Un livre ne suffirait pas à décrire la folie qui s'empare de certains lorsqu'on évoque le nom de Ségolène Royal. Pressions sur les directions de rédaction, pressions via le courrier des lecteurs, mails signés furax, lettres de dénonciation, soigneusement étiquetées, ciblées, opérations de déstabilisation. Par élégance, il ne faut pas les nommer, mais ils se reconnaîtront et trouveront encore dans ce livre quelques bûches pour alimenter leur feu de joie. Grand bien leur fasse. Au fond, ils ne font du mal qu'à eux-mêmes.

Que savons-nous vraiment d'elle ? Un kaléidoscope.

Dans un avion du naufrage Jospin, en mars 2002. Tous les ministres embarqués font la tête. Pas elle. Elle sourit, répond avec gentillesse aux questions. Mutine. Elle sait probablement que le premier tour sera difficile mais, contrairement à Bernard Kouchner, elle n'en laisse rien paraître. À la descente, je me dis qu'elle maîtrise parfaitement la langue de bois.

En bout de table, Chez André, à La Rochelle. Août 2003. Traditionnel dîner du premier secrétaire pendant l'université d'été. Les retardataires mangent au fond. François Hollande fait la conversation. Elle se tait et se tourne vers mon groupe chahuteur. « Chut, il faut écouter François. » Clin d'œil. Mélange de facétie et de sérieux. J'éclate de rire.

À l'époque, ce duo m'ennuie un peu beaucoup passionnément. Trop prévisibles, trop bourgeois, trop lissés, trop bons élèves de la classe socialiste. Rien ne semble cabossé, abîmé, douloureux. Rien à l'horizon des curseurs habituels qui jalonnent un destin. La vie semble les avoir magnifiquement épargnés. Je me rendrai compte au fil de ces années, de nos conversations, qu'il ne faut décidément jamais se fier aux apparences, mais à cette époque ils ne m'intéressent pas. Je les trouve assez peu magiques. Je les imagine installés dans leur appartement du 7e, meublé Roche Bobois, brocante, et prévisibles en diable, policés, bien élevés, avec leurs quatre enfants tirés à quatre épingles. Pour un peu, je leur collerais bien la messe le dimanche et les cours au couvent des Oiseaux.

Saint-Jean-d'Angély. Février 2004. Elle est en campagne pour la Région Poitou-Charentes. À Paris, François Hollande rigole, explique qu'il l'a mise en garde contre l'illusion de la victoire. Ce jour-là, elle rencontre des agriculteurs. Petite salle. Ils parlent, elle écoute. Vraiment. Sans faire semblant. Sans filtre. L'attitude me frappe. Rare chez un élu de ce niveau. Pantalon de cuir, notes sur feuilles blanches. Elle fait la synthèse, met en ordre des idées en désordre. Ils se lèvent, s'en vont. Ravis. « On peut y aller si vous voulez. » On y va. Je la questionne. Elle est d'une virulence rare à l'égard de Jean-Pierre Raffarin. Fin de l'entretien. Elle redevient mutique. Au revoir. Je me dis qu'elle aime la bagarre.

Mars 2004. Élue présidente de la Région Poitou-Charentes. Naissance d'une star.

Mai 2005. Campagne pour le oui à la Constitution européenne à Dijon. Meeting de défaite. François Rebsamen énumère les responsables socialistes au premier rang. Applaudissements polis. Et il lance : « Ségolène Royal ! » À cet instant, la salle se lève comme un seul homme. Ça dure de longues minutes.

16 novembre 2006. Une maison à Melle. Dans la cuisine,

les amis s'attardent, trinquent, parlent haut et fort. Ils ont gagné parce qu'elle a gagné. Le salon est à l'étage. Canapé blanc, moquette bordeaux. Du feu dans la cheminée. Elle est installée, mange des chocolats et des mandarines, rigole avec Julien Dray, Christophe Chantepy et Sophie Bouchet-Petersen. Les compères viennent de réussir la plus belle razzia qui soit sur un parti politique. Mon portable sonne. Il est minuit. C'est François Rebsamen. Il me confirme le dernier chiffre. Ségolène Royal vient d'être désignée avec 60 % des suffrages par les militants socialistes. Un chiffre guillotine pour ses adversaires. Mon portable sonne encore. Je vois s'afficher le numéro de Claude Bartolone. L'ami le plus fidèle de Laurent Fabius. Il est minuit, il veut commenter avec moi ce résultat, parler, analyser comme nous aimons le faire depuis des années après chaque événement important de la vie politique. Je ne réponds pas. Ça n'est pas le lieu. Surtout pas le moment de revenir sur une campagne convulsive, violente, polémique, où tout aura été tenté, même les coups les plus tordus, comme des sifflets au Zénith ou la vidéo de ses propos sur les enseignants et les 35 heures, quelques jours avant le vote des militants.

Tout aura été tenté et tout aura échoué. Elle est là, rayonnante comme jamais on ne l'a vue depuis. Sérieuse, grave mais profondément heureuse. Un photographe se fait tout petit, saisit l'instant. Son portable sonne. C'est François Hollande. Il ne peut pas venir. Il s'excuse. Il doit rentrer à Paris. Si elle est déçue, elle n'en montre rien. Et de toute façon, rien ne peut ni ne doit gâcher cet instant unique, historique, celui où pour la première fois en France une femme peut accéder à l'Élysée. Moment intense de huis clos où elle expose déjà, schéma et feutre bleu en main, sa stratégie présidentielle. Démocratie participative, encore et toujours. Déjà dans le coup d'après.

L'heure du départ. Nous devons préparer nos papiers pour le matin. Il est 2 heures. Dans le vestibule, elle nous propose d'emporter du civet de lapin. « Parce qu'il faut toujours bien manger », dit-elle. Refus poli, nuit blanche de travail. Le lendemain, après sa déclaration, elle doit repartir pour Paris. À quelques centaines de mètres de la gare de Poitiers, elle fait demi-tour, demande à sa chef de cabinet, Blanka Scarbonchi, et seulement elle, de l'accompagner et disparaît. Inaccessible.

Elle est allée se réfugier dans un petit centre de thalassothérapie de sa région. Son endroit secret. Deux jours pour souffler et se préparer à la bataille principale. Une solitude choisie, loin des images simplificatrices. Bien plus tard, nous comprendrons, mais pendant des mois Ségolène Royal s'attachera à ne présenter qu'un profil, cette image si familière. Mains sagement croisées, sur sa jupe ou dans le dos. Sourire éclatant. Belle. Salut et regard droit devant. Un peu corsetée. Un maintien de jeune fille de bonne famille dont elle ne se départ jamais dans la joie d'une désignation, un soir de novembre 2006, comme dans la tristesse d'une défaite, le 6 mai 2007.

Qu'est-ce que je sais vraiment d'elle ?

Un aveu jeté sur la nappe d'un salon de thé, un matin de juin 2007. Elle a les yeux brouillés de larmes. « Je quitte mon compagnon. C'est aussi difficile pour moi que de me couper une jambe avec une scie rouillée. Mais je ne veux pas me noyer. Sombrer. Vous comprenez ? » Le chagrin et toujours ce foutu maintien. Je propose une interview. Elle dit oui immédiatement. Nous fixons cliniquement la date de l'opération. Inutile de se laisser aller à la moindre compassion. Au moindre mot d'encouragement. La porte s'est déjà refermée. Hermétique.

Que retiendrons-nous de cette présidentielle ? Des combats épiques, un courage à toute épreuve, une désorganisation mortelle, un refus entêté des éléphants d'aider cette femme à réussir là où ils ont échoué. La blessure narcissique l'a emporté sur le sens de la mission, le mauvais caractère sur l'objectif de victoire, le lambertisme sur le réformisme social. Campagne infernale où le pire côtoyait le meilleur, campagne au bonheur des entourages respectifs, pervers, malsains qui auront tout autant participé à la défaite, au fracassement public d'un couple que le couple lui-même.

Mais nous retiendrons aussi, sincérités de l'instant, des crises de loufoquerie, trop rares, immédiatement balayées par la tension de la campagne, la violence du combat, la nécessité de passer le message politique à notre armada journalistique horripilée autant qu'amusée, et parfois même fascinée par cette femme qui échappe à toute règle, toute discipline, toute contrainte. Au risque de déplaire, au risque de transformer des alliés potentiels en adversaires acquis. Le risque. Le danger. Ségolène Royal semble ignorer ces mots. Comme s'il fallait toujours pousser la vie, les événements jusqu'au point de rupture pour pouvoir puiser au-delà de soi-même la force de repartir.

C'est peut-être d'ailleurs cela, son fil d'Ariane personnel. Ce besoin de transcender les événements, de tordre les codes, d'étirer le temps pour s'arracher à sa condition. Double.

Née à Dakar, élevée en Afrique, aux Antilles, puis jetée dans la froideur et l'austérité d'un village perdu des Vosges. Des jardins de Balata à une grande bâtisse de village, de la moiteur et des rires sensuels à une grande chambre commune où les enfants se tenaient bien au chaud, serrés contre les bouillottes. Une négresse blanche qui se baladerait au gré des émotions entre la douceur des goyaves et la rudesse de l'hiver.

Qu'avons-nous vraiment vu d'elle ? Ses métamorphoses physiques et politiques. De l'extrême gauche à l'extrême centre, du tailleur à grosses fleurs à la tunique indienne bleue, du pragmatisme blairiste à l'ordre juste, des lunettes à gros carreaux à la minivague d'une adolescente quinquagénaire, de la guillotine pour le capitalisme financier à la flexsécurité, de l'émotion verrouillée à ses amours étalées à la une des magazines. De Jeanne d'Arc à Mélusine, un tourbillon permanent qui parfois emporte, parfois agace, souvent désarçonne. Mais l'essentiel, c'est ce qu'on ne voit pas. Ce cheminement intérieur qui transforme la douleur en sagesse.

La Ségolène Royal d'avant la défaite aurait pris le parti socialiste à l'abordage, pour ne pas dire à la hussarde, tant son attitude politique suggère parfois la violence masculine des champs de bataille.

La Ségolène Royal de 2008 a pris le temps de réfléchir, de tendre la main à ses adversaires pour tenter de les transformer en partenaires. Avant le constat de divorce de Reims. Avant d'échouer sur la barre à 102 petites voix qui auraient pu, auraient dû la décourager mais qui lui forgent, semble-t-il, une détermination encore plus forte.

Entre ces deux Ségolène Royal, il y a l'échec violent, le mur de l'orgueil fissuré, les questions qui émergent, que l'on chasse parce qu'elles nous dérangent trop, les étourdissements dans les aéroports, les trains, les soirées, les amis, et ces questions lancinantes qui s'invitent à nouveau et qu'un jour on accepte d'affronter. Donnée pour morte au fil de tous les baromètres, matraquée par les sondages jour après jour pendant un an et demi, malmenée par son propre camp semaine après semaine, publiquement ou en coulisses, pilonée par la droite jusque dans sa région, une droite qui un jour l'accuse d'hystérie, le suivant de mythomanie, le troisième de mensonge patenté, pour, au quatrième jour, lui conseiller de consulter un psychiatre. Un combat politique somme toute très classique, alors que la lutte acharnée avec son propre camp dresse jour après jour un mur qui devient pour elle et pour eux une véritable prison à ciel ouvert.

Rares sont les politiques, les personnages publics qui ont essuyé autant d'injures, de critiques, parfois justifiées, parfois totalement disproportionnées. « Mitterrand provoquait cela », expliquait un jour Pierre Bergé, comme le gage d'un avenir forcément radieux. Ce serait donc ça, le miracle d'une vie politique. Avoir échoué, plus lourdement que les autres, et accepter que ses erreurs tressent la corde qui permet de remonter la paroi jusqu'au sommet. Ce chemin initiatique, François Mitterrand l'a emprunté, comme Jacques Chirac et Nicolas Sarkozy aussi à sa manière. Ces trois hommes ont su regarder en face leur échec, l'admettre, l'analyser, se cuirasser face à toutes les attaques et repartir, avancer avec une conviction d'autant plus forte qu'elle repose sur le sentiment inébranlable d'avoir un destin. Ségolène Royal semble faite de ce bois.

La cible s'est dessinée au soir de sa défaite : gagner la présidentielle en 2012. Une cible omniprésente au fil de ces conversations qui courent sur près d'une année. Comme la corde de rappel qui tient, quelle que soit la force de la tempête. Même lorsque c'est elle qui sème le vent.

Que connaissons-nous vraiment d'elle ? Ce qu'elle a bien voulu montrer. Ce que j'en ai déduit. Ce que vous en comprendrez.

Au commencement était le Père

Boulogne, le 21 juin 2008

De simples initiales sur l'interphone. Les siennes et celles de ses enfants. Un immeuble moderne. La rue est très calme. Elle sent l'herbe fraîchement coupée. Une sonnerie. Elle ouvre elle-même. Souriante. Jean et tee-shirt. Rien à voir avec l'icône à chemise en satin qui inonde les journaux. Pas maquillée. Ça lui va presque mieux. Un bonjour chaleureux. Rien à voir avec ce fameux « Bonjour » un peu strident qu'elle lance régulièrement aux journalistes sur un déplacement.

Ce « Bonjour » est devenu un véritable gag entre nous. Une manière de se rappeler les mauvais et les très bons souvenirs de ce Ségotour 2007, stressant et épuisant mais qui a forgé, bien malgré nous parfois, des liens insécables entre les membres de la petite troupe. Nous étions loin de l'omniprésence de Nicolas Sarkozy avec la presse, de sa façon d'entraîner chacun dans une proximité dont il est quasiment impossible de se défaire. Les reporters qui ont suivi la campagne de Ségolène Royal ont eu pour principale obsession pendant six mois de la voir, de lui parler ne serait-ce que dix minutes, pour comprendre.

Après quelques combats acharnés, nous avons obtenu des points réguliers, bien souvent écourtés par des retards légendaires ou un simple : « Non, aujourd'hui je ne le sens pas. » Ces moments resteront certainement parmi les plus drôles, lorsque nous ferons le décompte de nos carrières respectives. Bien qu'ils aient été, sur l'instant, les plus pénibles.

Ce matin, le « Bonjour » est joyeux, simple. Elle n'est pas en représentation. M'invite à entrer deux minutes. Coup d'œil circulaire. Un appartement clair, un salon-salle à manger, des murs tapissés de livres et de quelques toiles, une grande table basse sur laquelle traînent des piles d'hebdomadaires et de livres. Pas d'ostentation. Une vie de famille qui transparaît dans les moindres détails. Un ordinateur, un sac qui traîne, la pelouse du rez-de-jardin piétinée. Son fils Thomas a fait la fête avec ses amis toute la soirée. « Allez, on y va ? » Sortie sur la pointe des pieds. Son fils Julien dort encore. Quelques mètres dans la rue. Un voisin salue discrètement. Banlieue chic et calme d'un samedi matin. Et son bistro préféré de Boulogne. Petite terrasse, accueil bon enfant. « Je viens souvent ici. Personne ne nous dérange. » La terrasse est agréable, l'œil de l'ex-candidate pétillant. Elle rentre de quelques jours en Corse où elle a marché en montagne, s'est lavée dans les torrents. Avec ses deux fils. La silhouette s'est amincie. Les mauvais kilos amassés pendant la campagne commencent vraiment à disparaître. Aujourd'hui, Ségolène Royal est d'une humeur à confidence.

Et si nous commencions par le commencement, l'enfance. On a beaucoup brodé sur cette enfance. Père colonel, mère soumise, famille nombreuse, en rangs par deux pour aller à la messe. Une image très archaïque, qui tient plus des Misérables *que de la jeune fille de bonne famille que vous semblez être restée. Votre père vous a évidemment marquée. Vous diriez quoi, de votre père, comme ça, à brûle-pourpoint ?*

Il était beau, mon père, très beau. On parlait rarement ensemble. Cette campagne a été étonnante pour moi, détonante intérieurement même, parce que j'ai découvert des photos de lui que je ne connaissais même pas. Cette très belle photo notamment lorsqu'il est proche de sa lunette d'astronomie. J'aime son visage. Il a l'air si doux. Ça n'était pas vraiment le cas au naturel. C'était rude... Vraiment rude. Surtout vers la fin. Quand la famille s'écroulait, qu'il sentait que ma mère et nous allions lui échapper. Qu'il ne pouvait rien retenir. Mais j'ai déjà tout dit là-dessus, non ? Enfin... ça m'a fait un choc de découvrir ces traces de ma famille. Des photos de notre famille. Il était beau. Il lisait beaucoup. À sa façon, très autodidacte. Les murs de sa pièce étaient tapissés de livres de poche.

Sa pièce ?

Oui, les hommes se prenaient leur pièce. Comme le raconte si bien Virginia Woolf dans *Une chambre à soi*. Vous connaissez ce livre ?

Oui, très beau livre, qui parle de la nécessité vitale d'un espace à soi.

Un espace que je savoure désormais. Pour en revenir à mon père, les femmes, elles, c'est la cuisine, c'est-à-dire la partie commune dans les campagnes. Dans sa pièce, on n'entrait pas. Il écoutait de la musique classique. Lisait. C'était mystérieux. Mais c'est vrai que j'ai grandi avec cette image de livres de poche. Il s'était constitué ça depuis qu'il était tout jeune. Je ne sais pas s'il aimait l'art. Je n'ai jamais eu l'occasion d'en parler avec lui (*elle réfléchit…*), c'est dommage.

Vous avez des regrets ? Un jour, en rentrant d'un meeting en Moselle, vous grimaciez sur le quai de la gare de l'Est. Vous m'avez glissé : « Ah, cette enfance, ma tristesse. » Vous le pensez toujours ?

Peut-être pas en des termes aussi rudes. Tout s'adoucit. La campagne a été un moment très violent pour moi, politiquement et personnellement, ça n'aura échappé à personne. Aujourd'hui, tout est apaisé. Je dirais plutôt que c'était très dur mais je ne regrette rien de cette éducation qui m'a rendue autonome, rude avec moi, peut-être parfois trop rude avec les autres. J'apprends aujourd'hui à manifester, à dire, à exprimer ce que je ressens. Surtout les louanges. On ne m'en a jamais fait. J'ai du mal à voir que certaines personnes ont besoin qu'on leur en fasse. J'ai assez peu parlé avec mon père. C'est normal, finalement. Il parlait assez peu, l'époque ne s'y prêtait pas. Lorsque pendant la campagne je suis retournée à Chamagne pour la première fois depuis plus de vingt ans, c'était très fort. Dans la voiture, avant d'arriver au village, j'ai serré la main de Thomas, qui m'accompagnait, et je lui ai dit : « Je ne vais pas y arriver. » C'était trop bouleversant. Mais je n'ai pas osé entrer dans la maison, me faire ouvrir la maison.

Peur des fantômes ?

Peut-être… (*pensive*)… peut-être. Peur de pleurer. Peur d'être vue en train de pleurer. La veille, j'ai pensé à mon père, très fort, comme une prière qui n'en était pas une. Tout cela est d'une banalité affligeante, non ?

Non. On a tellement brodé, avec de la psychologie de bazar, sur vous et votre père, votre construction contre le père, qui d'ailleurs est un point commun avec Nicolas Sarkozy et François Bayrou. La construction sans ou contre le père… C'est assez passionnant d'ailleurs de voir à quel point vous trois avez réussi à passionner un pays en étant aussi rebelles et finalement très transgressifs.

C'est vrai, je le reconnais volontiers. Quelle étrange concordance ! Mais c'est vrai que j'ai tout entendu sur moi et mon père, donc moi et les hommes, donc moi et le pouvoir, donc moi fille très méchante, forcément castratrice, etc. C'est assez grotesque mais bon, ils se sont occupés un certain temps avec ça. Vous savez, pour moi, il y a des femmes bien pires que certains hommes machos.

Les machas ?

Oh ! Joli concept. En tout cas, les femmes qui ne m'aiment pas ont eu la dent très dure avec moi. Entre celles qui me traitent de nonne, les autres qui me voient en bimbo, en gros sois belle et tais-toi… je suis assez gâtée ! Je dois dire que je ne m'attendais pas à des réactions aussi violentes de la part de certaines femmes.

Lesquelles, par exemple ?

Martine Aubry, qui me regarde toujours comme quand j'étais sa sous-ministre. Elle le pense vraiment. Il y a eu une primaire, une campagne présidentielle, un score plus qu'honorable et je suis sa sous-ministre. Elle ne me regardera jamais autrement. C'est dommage… Pour elle ! (*Elle éclate de rire.*) Mais elle n'est pas la seule. Je crois que Mme Jospin ne m'aime pas beaucoup. Pas plus que Mme Strauss-Kahn. Dommage pour elles aussi ! Je gagne à être connue, vous savez !

Et votre mère, elle était cultivée ?

Oui, à sa façon. Elle a fait une école agricole. Elle était visionnaire, écolo avant l'heure. Passionnée par la nature, les plantes. C'était une forme de culture exceptionnelle parce que dans le boom de la société de consommation des années 60-70, elle était déjà sur l'économie d'énergie, la lutte contre les pesticides, l'alimentation saine, la découverte de la nature. Elle m'a fait faire un herbier quand j'avais sept ans. Après l'apprentissage de la lecture. La reconnaissance des plantes, des arbres, un herbier avec des mots latins. J'aimerais bien le retrouver d'ailleurs. Lorsque je suis allée en Corse, il y a quelques jours, on marchait avec mes fils dans la montagne et je les chambrais. « Et alors, vous n'avez pas vu la digitale pourpre, l'hellébore ? ! » Ils ouvraient les yeux ronds comme ça. Le guide nous regardait, me regardait. Interloqué ! Je me suis beaucoup amusée.

J'ai la chance d'avoir une mère joyeuse, très loufoque en fait, très baroque qui allégeait la vie au quotidien. Il y avait toujours un moment où elle rendait la vie joyeuse. Ça nous a sauvés d'ailleurs. On aurait eu une mère moins ouverte, l'enfance aurait pu être lugubre. Dès que l'orage s'annonçait à la maison, elle disait : « Allez, les enfants, on sort dans la campagne. » Elle mettait tout dans un sac à dos. « Allez, on va manger dehors, on va voir la nature. » C'était ça, l'ouverture de sa vie. Elle adorait lire. Il y avait une petite bibliothèque de village à Chamagne, elle avait tout dévoré. Elle lisait Soljenitsyne. Elle était vraiment iconoclaste. Et digne dans l'adversité. Quand elle s'est séparée de notre père, quand elle a dû tout recommencer de zéro, elle était digne. C'est le mot. La dignité de ma mère, c'est très fort. Et surtout un magnifique exemple.

Elle a voté sa fille, en 2007 ?

Elle a voté sa fille, oui, je pense.

Vous ne le lui avez pas demandé ?

Non… non, parce qu'elle a un peu pris ses distances aussi. Elle est très détachée de tout ça. Elle m'a quand même dit un jour : « Tu t'es améliorée dans tes discours. Il faut continuer comme ça… » J'en déduis donc que, pour elle, il y aura une prochaine fois (*sourires*), mais c'est vrai qu'elle s'est vraiment retirée. Dans sa maison, en Normandie, où elle mène une vie très proche de la nature. Nous allons chacun la voir. Elle a eu huit enfants. Elle est tranquille aujourd'hui. Elle n'est pas du tout petits-enfants. Stop là. Elle a donné, elle a donné… ses huit enfants et maintenant elle vit dans son univers. Elle était une maman parfaite avec les tout-petits mais alors avec les ados, c'était un peu la cata, quoi ! (*Rires.*) Mais l'essentiel, c'est la toute petite enfance et elle est extraordinaire pour ça. Charnelle, tendre, magnifique. C'est là que tout se joue.

Vous parlez rarement de vos sœurs ?

C'est vrai. Elles ne veulent pas. Quand j'ai commencé à

être connue, j'ai raconté des bribes de ma vie, l'histoire de ma famille, avec des mots parfois durs, qui étaient vrais. Elles étaient heurtées, et elles me l'ont dit. « Tu n'as pas à exposer notre vie familiale, on n'est pas Cosette. » Elles n'aiment pas qu'on remue le passé. Je le comprends parfaitement. Je me mets à leur place parfois. Avoir une sœur si exposée, et qui provoque tant de commentaires, si tranchés, ça doit être parfois difficile à vivre cette exposition par personne interposée. Mais c'est vrai qu'on est une belle famille. J'aime mes sœurs même si c'est différent d'avec mes frères.

Et surtout, j'étais à la bonne place. Au milieu. En quatrième position. La place idéale…

Pourquoi ?

Vous n'avez pas de frères et sœurs ?

Si, une sœur, aujourd'hui disparue, et un demi-frère. Je ne connais pas le fonctionnement d'une famille nombreuse.

Eh bien, quand vous êtes au milieu, personne ne vous voit vraiment, ne vous regarde vraiment. Les aînés ont pris tous les gnons, les cadets grandissent. Et vous, vous vous faufilez. Je suis la reine pour me faufiler. Vous passez dans les trous de souris. Personne ne fait vraiment attention à vous. C'est assez peinard, finalement.

D'où votre goût pour les esquives permanentes..

Absolument. J'aime trouver l'interstice où je vais passer pour resurgir ailleurs. Le peu d'espace, je passe. C'est ma nature. C'est un mode de fonctionnement. Je me faufile !

Est-ce qu'on peut écrire de vous : « Petite déjà, elle se voyait à l'Élysée » ?

Absolument pas. Je serais incapable de vous dire quand tout cela a réellement commencé dans ma tête. Moi, je travaille par infusion. Les choses infusent, pénètrent, travaillent en moi, et un jour je m'engage sur tel ou tel chemin. On a beaucoup parlé de mon intuition. C'est vrai et c'est faux à la fois. C'est vrai parce que je sens en un éclair une situation, une ligne d'attaque, une théorie, mais c'est aussi le travail de milliers d'heures passées à écouter. J'adore écouter, j'aime ça vraiment. Je préfère écouter plutôt que parler. J'ai eu du mal d'ailleurs quand ma surexposition nationale a commencé. C'est difficile pour moi de me sentir assaillie de questions, d'avoir à expliquer ce que je ressens et qui me paraît si simple, d'une simplicité enfantine. Mais c'est vrai que j'ai toujours aimé écouter, noter, réfléchir plusieurs semaines plus tard à ce que j'ai entendu. C'est mon fonctionnement. Parler peu, écouter beaucoup. Je sais bien sûr réagir au quart de tour, j'adore ça, mais je dirais que j'aime avant tout laisser vivre les idées en moi, laisser vivre les gens, les expériences. C'est ma nature.

C'est compliqué, alors, ce jeu de questions-réponses sur un livre entier ?

Non, parce que j'en ai envie. J'en ai une immense envie. Pas une confession. Non, une envie de m'expliquer sur tout, de tourner cette page et de prendre un nouveau départ. Aujourd'hui je revis, je suis heureuse, apaisée, j'ai pu surmonter, digérer même s'il reste quelques arêtes (*rires*), mais vraiment je suis très heureuse. Et je suis au point où je voudrais bien me débarrasser de ma vieille armure. Elle est rouillée maintenant, je crois, elle pèse trop lourd, et surtout je crois qu'elle n'est plus nécessaire. Voilà pourquoi j'ai envie de parler. En longueur, sur la durée, pas devant une caméra de télé ou un micro de radio. Non, tranquillement, en prenant le temps, sans agression… mais vous n'êtes pas mon confesseur… Il y aura des questions sans réponses…

Lesquelles ?

Devinez !

Bien, alors revenons à nos moutons. Comment est né le goût de la politique en vous ?

Lorsque j'étais en pension, en seconde, j'ai commencé à regarder les émissions politiques à la télé. Il y avait celle animée par Françoise Giroud. Cette femme me plaisait beaucoup. Pas vous ?

Si, bien sûr. C'est un modèle. Il y a une anecdote sur elle que j'adore. Lors d'un dîner en ville avec des éminents spécimens de la bonne société, les « spécialistes de la spécialité », tout le monde s'était donné le mot pour la mettre mal à l'aise. C'est vrai qu'elle n'avait aucun diplôme et qu'autour de la table il y en avait au moins pour du bac + 80 ! Chacun étalait ses médailles, jusqu'à ce que la question fatidique arrive. « Et vous, Françoise, quelle est votre spécialisation ? » Et là, impériale, elle a répondu : « Moi ? Je suis agrégée de vie ! »

J'adore cette réplique. J'aurais bien aimé être là et applaudir. Françoise Giroud, que je ne connaissais ni d'Adam ni d'Ève, me semblait, à travers l'écran, droite, franche du collier, intelligente. J'ai demandé une autorisation spéciale pour regarder cette émission. Au pensionnat je réservais la salle où était installée la télé pour cette soirée hebdomadaire. J'étais toute seule dans le noir et je regardais. Mais à cette époque je n'imaginais rien, je ne pensais rien. J'étais à la joie de faire des études… la politique c'était loin, très loin… Je ne vivais pas dans une famille politisée. Mon père avait voté Tixier-Vignancour. Algérie française… enfin, je ne vous fais pas un dessin. C'est la seule discussion politique dont je me souvienne chez moi. À part ça, le désert. Et je ne sais pas pourquoi mais, à un moment, le débat politique m'a passionnée. C'est la vie. J'étais passionnée par le débat d'idées. En terminale, d'ailleurs, la philosophie m'a passionnée, c'était ma matière préférée…

Ah bon ? On n'imagine pas ça de vous.

Pourquoi ? Parce que tout le monde a répété que j'étais bête à manger du foin ?

Peut-être. C'est vrai qu'après le Ségo bashing, on en oublierait presque que vous avez fait l'Ena et Sciences po…

Comme les copains ! Eh oui… Tout le monde a crié à la folie quand pendant la campagne j'ai égrené mon CV sur France 2… Ena, Sciences po, deux fois ministre. Tout était toujours tourné en dérision. Ils ont presque fini par me le faire croire, que j'étais nulle. Vous n'imaginez pas ce que représente, chaque jour pendant deux ans, ce dénigrement quotidien sur ce que vous êtes, votre histoire, votre travail de jeunesse. J'ai bûché, j'ai adoré l'école. J'adorais l'école.

C'était mon monde. J'étais malheureuse quand ça s'arrêtait. Les vacances, pour moi, c'était la tristesse. J'étais la meilleure élève, même si c'est plus facile d'être première au collège de Charmes qu'à Louis-le-Grand ! Mais j'ai adoré étudier, apprendre, lire, j'aime toujours lire, aller au théâtre, me nourrir, aller à l'Opéra. Comment ont-ils réussi à détruire à ce point cette image ? Ça aurait pu me briser. Vous savez, le dénigrement vient vite, même chez les hommes ou les femmes politiques. J'en suis sortie aujourd'hui mais je vous assure que ça a été très difficile, très douloureux. Je ne me victimise pas. J'en ai assez de cet éternel procès en victimisation. Tout ça, c'est dérisoire. Aujourd'hui, je suis libre. Je dis ce que je dis et j'avance comme je veux. Mais ça a été absolument abominable. Croyez-le.

Donc, à ce moment-là, vous aimez le débat d'idées, mais pas encore de vocation ?

Non, mais j'aime le débat d'idées. Après, le premier meeting auquel j'assiste est un meeting à Épinal avec devinez qui ?

Je ne sais pas ? Mitterrand ?

Non… Allez, faites un effort, quelqu'un qui me veut beaucoup de bien…

Lionel Jospin ?

Non, mais dans ce goût-là. Vous ne voyez pas ? Attention, attention, l'homme merveilleux, le seul homme au monde capable de demander à une candidate de se retirer de la compétition… Michel Rocard (*éclats de rire*).

Eh oui ! À l'époque, je ne sais même pas qu'il est socialiste, de gauche, mais je vais le voir à Épinal et j'aime immédiatement l'ambiance, les mots, les arguments. Là, oui, il y a une petite lampe qui s'éclaire. Ça deviendra une évidence à Sciences po. À cette époque, de toute façon, je n'ai pas d'ambition sociale. Je lutte pour sortir de ma condition, j'aimerais bien être architecte ou avocate, ou même juge, mais la politique, je n'y pense même pas. Je vais vous faire sourire mais j'aurais aussi aimé être sœur Emmanuelle. J'admire. C'est une vie qui a un sens. Trouver du sens à sa vie. J'ai toujours pensé que nous avions tous un rôle essentiel. Sœur Emmanuelle est admirable. Elle a un point de vue sur Dieu et sur les hommes qui dépasse toutes les barrières. C'est un être de réconciliation. Mais bon, il faut une dimension que je n'ai pas. À cette époque-là, je passe mon bac à Épinal. J'ai même suivi des tests d'orientation. C'est dire à quel point je ne savais vraiment pas quoi faire…

Vous n'avez pas de passion ?

Pas vraiment, je joue du piano, je fais un peu de musique, j'ai horreur du sport, l'exercice physique m'ennuie. J'aime bien maintenant, mais à l'époque, bof bof… Et c'est vrai que je n'ai pas de passion, d'engouement. Je suis plutôt dans l'introspection à cette époque. Comme je suis très bonne élève, on me dit qu'il faut faire des maths, de l'économie. Je ne sais pas trop. On me propose HEC et en fait, coup de bol, ma sœur me révèle l'existence de Sciences po. Et là, je fonce. Dès que j'ai su que ça existait, je n'ai plus eu aucune hésitation. Je fais cette prépa, je sors classée seconde d'ailleurs, pas mal pour la cruche, en parallèle avec ma fac de sciences éco qui m'ennuie à mourir — on fait des statistiques, je meurs.

Heureusement, je fais cette prépa et, deux ans plus tard, je suis à Sciences po à Paris. Mais vous savez, en entrant à la fac, je ne sais même pas que l'Ena existe, que Sciences po existe, je ne sais pas ce que c'est qu'une classe prépa. Aucun de mes deux parents n'a fait d'études supérieures, mon père s'est engagé à dix-huit ans. Il n'a pas fait l'École de guerre, il n'a pas fait Saint-Cyr, contrairement à ses frères cadets. Il en a d'ailleurs toujours gardé une frustration. Mes parents sont des autodidactes.

Et là, ça commence à naître, la vocation politique ?

Oui, ça m'intéresse. Je peux même dire que ça me passionne. Je découvre quoi ? Je découvre tout : l'histoire des idées politiques… et le journal *Le Monde.*

?…

Ne me regardez pas avec ces yeux ronds ! Non… Je n'ai jamais eu *Le Monde* entre les mains, avant Sciences po je n'ai jamais eu la presse entre les mains. Parce que pour nous, on se rend plus compte, mais la presse… c'est l'élite qui a la presse nationale entre les mains. Chez moi, il n'y avait pas de journaux. Je n'ai jamais vu un journal. D'abord ça coûte cher… De temps en temps peut-être le journal local et encore… Et au lycée on n'avait pas les journaux politiques. J'ai d'ailleurs fait abonner tous les lycées de ma région aux journaux et aux hebdos. C'est important ; il y a plein de Ségolène Royal dans la vie, dans les campagnes. Plein de petites jeunes filles, de petits jeunes hommes auxquels je voudrais donner, à mon niveau de décision, une chance de réussir comme moi j'ai réussi. S'extraire de sa condition, c'est difficile. Moins maintenant, mais il faut donner tous les moyens, dans les moindres détails. Pour mettre aussi les gens à l'aise. C'est dur de débouler à Paris, sans rien connaître, sans rien savoir, avec son bac, sa fac en poche. On se sent décalée, larguée.

Plouc ?

Plouc, ce sont peut-être les autres qui le disent. Non, décalée, déphasée. C'est aussi ça, le poids du centralisme. Tout doit passer par Paris. Même pour vous, non ?

Oui, si l'on veut accéder à une antenne nationale, oui, c'est obligatoirement Paris. Et quand vous venez du Var, ça n'est pas que vous vous sentez plouc, c'est que vous avez froid !

Ah, les filles du Sud, comme vous êtes ! Deux gouttes d'eau et vous avez le cafard, c'est ça ?

Il y a de ça ! Mais revenons à cette jeunesse... décalée. Vous commencez à vous dire : « Tiens, je peux peut-être être élue » ?

Non, vraiment pas. On est en 1977. Je travaille sérieusement. Mais je découvre quand même les groupes femmes. Ce sont les premières formes de militantisme que je découvre, sur les panneaux d'affichage à l'entrée de Sciences po, dans le hall... les groupes femmes. Donc je vais là. En silence.

Vous parlez peu ?

Oui, par goût du silence. Quand je suis élue en 1988, ça change, mais je suis élue dans un terroir qui me rappelle mon enfance. Je suis en confiance. Je parle. Mais c'est vrai qu'à cette époque j'emmagasine surtout. Je me remplis de toutes ces choses que je ne connais pas. Et il y en a beaucoup.

Il y a quand même des gens qui vous fascinent plus que d'autres ? Je vous pose cette question et, en même temps, je ne sais pas si vous êtes capable de fascination pour quelqu'un.

(*Elle réfléchit…*) Je ne sais pas. Vous, il y a des gens qui vous fascinent ?

Ce n'est pas un livre sur moi, madame Royal, c'est un livre sur vous.

Ah non, j'ai le droit aussi de poser quelques questions. Alors, qui vous fascine ?

Les grands chefs d'orchestre. J'aime voir Seiji Ozawa diriger, ou Claudio Abbado et Myung-whun Chung. Je suis fascinée par leur mouvement, leur gestuelle, leur consomption dans la musique. Voilà un art que j'aurais voulu exercer. Je suis aussi fascinée par les grands religieux. Les êtres éclairés. Oui, je suis fascinée au point de me dire que je donnerais cher, et pour tout dire « tout », pour parvenir à leur degré d'ouverture de vie.

Je comprends bien cela mais je n'ai pas de fascination globale, j'ai eu des moments de fascination. Quand j'étais ministre de l'Enseignement scolaire, j'ai rencontré des femmes violées dans l'enfance et qui s'en étaient sorties magnifiquement. J'ai parfois des moments de fascination, dans une conversation, pour quelqu'un. Ce ne sont que des instants, forts mais qui passent. Mitterrand, peut-être ? Non, je n'ai jamais été béate, baba d'admiration, de fascination pour lui, sauf dans ses discours, ses meetings. Cette façon de captiver une salle, cette langue française qui coule ! Quel acteur ! Même si le style ne fait pas tout.

Attention, sujet sensible !

Oui, mais pour le coup, là, je m'en fiche un peu... On a beaucoup moqué ma voix de crécelle et mon élocution, mais c'est vrai que je suis une femme. C'est différent face à une salle. Mon ami Jean-Pierre Mignard m'explique souvent que ses collègues féminines, avocates pénalistes comme lui, n'ont absolument pas la même façon de plaider que les hommes. C'est comme ça. Mitterrand m'a fascinée, à certains moments. Mais ce n'était pas une fascination en continu. Jamais. Je suis assez imperméable à ça.

Mitterrand, c'est la rencontre la plus importante de votre vie politique ?

Oui. Forcément. Mais j'étais très à l'aise, en fait. La rigueur de mon éducation, la dureté de ma jeunesse faisaient que j'étais une des rares à ne pas être une gamine devant lui. Je voyais les autres comme des gamins. J'étais jeunette. Et comme j'étais à la fois silencieuse, timide, sauvage, c'est certain, et certainement aussi complexée par rapport à l'aisance des autres, leur facilité à s'exprimer, leur milieu social très élevé, tout cela faisait un mélange étonnant. Et malgré cela, je n'ai jamais éprouvé de problème hiérarchique. Mon itinéraire était tellement atypique que, quand je me trouvais dans le bureau de Mitterrand, je ne me disais pas : « Tiens, je suis dans son bureau. » Je n'ai d'ailleurs jamais éprouvé la moindre timidité envers les dirigeants du monde que j'ai rencontrés. C'est paradoxal. Je suis d'une grande timidité dans ma vie personnelle, d'une grande pudeur, mais en politique jamais.

Je revois encore certaines scènes, je me souviens très bien des conseillers dans le bureau de Mitterrand comme des petits garçons, et moi qui parlais normalement. C'était au moment des premières grèves sur l'éducation. Il n'était pas du tout réunionnite, il détestait ça. Me voilà donc pour la première fois dans l'antre sacré. Travailleuse comme je suis, j'avais préparé, j'avais observé dans toutes les académies ce qui se passait, comment la rentrée scolaire se préparait. J'avais appelé les recteurs. Ça faisait un patouillis terrible. J'étais arrivée dans son bureau avec une carte, des points soulignés en rouge, des fiches. Il avait regardé. Intéressé et légèrement amusé par ma carte. Les autres semblaient un peu effrayés par mon culot, qui en fait était un comportement très naturel. « Ah, c'est intéressant, cette carte, a-t-il dit. Alors, montrez-moi ? » Je sentais qu'il se délectait. Je continuais… « Là, il faudrait mettre des postes, monsieur le Président. » Finalement, il m'a demandé de faire le tour des académies. Ce que j'ai fait. Comme j'étais envoyée par l'Élysée, les recteurs venaient me chercher avec leur chauffeur (*rires*). Ils avaient convoqué le ban et l'arrière-ban du rectorat. Évidemment j'avais court-circuité tout le système ministériel.

Vous savouriez aussi ?

Non, en fait, je m'en moquais. Je le répète, je suis une bosseuse. J'avais une mission. Je la remplissais. Impressionnée ? Absolument pas. Mitterrand m'impressionnait dans ses meetings. Pour en revenir à cela, j'ai été impressionnée par des artistes...

Lesquels ?

Des gens de théâtre, des chanteurs. Lorsque j'éprouve une émotion forte, violente, secrète. En politique, j'ai été vraiment impressionnée par Aimé Césaire. Lula m'a impressionnée. C'est une force, une force de la nature. Et bien sûr Angela Merkel. Elle dégage quelque chose, elle a un regard magnifique et de l'allure. J'ai aimé notre rencontre à Berlin, pendant la campagne en 2007. Je me suis sentie respectée par cette femme qui a une vraie classe, une vraie présence. Elle ne s'est pas dit en me voyant : « Tiens, voilà, j'ai une jolie pépée écervelée en face de moi » ! On s'est très bien entendues. J'aime ce type de dirigeant. Droiture et sens de la justice. Oui, Merkel m'a impressionnée. Je me serais bien entendue avec elle si j'avais été élue. Elle est cash.

En fait, quand je vous écoute, je pense que vous avez une grande conscience de vous-même et une grande confiance en vous.

Ça n'est pas faux. Je suis en fait très sûre de moi. Je sais qui je suis. Je connais mes limites, je suis comme tout le monde, avec mes faiblesses. Mais il en faut beaucoup pour me déstabiliser. Je reviens toujours au point de départ. C'est-à-dire que je n'oublie jamais d'où je viens. Ma structure fondamentale. C'est un cadeau précieux que m'ont fait mes parents. Solide. Je m'affole rarement. En fait, j'aurais eu les mêmes moyens — les relais médiatiques, le parti en ordre de marche — que Sarkozy, j'étais élue haut la main.

À 55 %, sans problème. Moi, je combattais avec une fourchette, et eux avec des bazookas, c'est évident. Et le coup d'après, c'est assez mal parti. On est déjà en campagne pour 2012 et ils sont là à triturer le congrès, les majorités, les trucs, les machins, les embrouillaminis. Alors que Nicolas Sarkozy, lui, met la France en coupe réglée et reconstitue ses réseaux, notamment de presse. Quant à son parti, il est lui aussi en ordre de marche.

Donc, vous êtes à l'Élysée, petite conseillère, et il y a cette fameuse scène que j'ai vue dans un documentaire de M6, où vous demandez à Mitterrand: « Vous n'auriez pas quelque chose pour moi, monsieur le Président? » J'ai trouvé ça sacrément gonflé. Pourquoi cette demande?

Parce que je vois les autres le faire. Au bout de sept ans d'Élysée, quand même! De toute façon, Mitterrand a toujours dit: « Il y a une seule légitimité, c'est le suffrage universel. » Donc j'en ai vu assez, j'ai assez appris sur le fonctionnement interne de l'État. J'ai rédigé certains discours du président, entre autres celui sur la réforme de l'État. Les discours aux corps constitués, dès 1983, le discours au sommet des chefs d'État à Versailles, c'est moi, Ségolène Royal, petite plume laborieuse, sherpa du sherpa Attali. Attali fait deux ou trois modifications de virgules — c'est d'ailleurs pour ça qu'il a toujours été assez correct avec moi. En fait, au fil des années, Attali ne m'a jamais lâchée, c'est assez rare pour être souligné! C'est moi qui dis à Mitterrand avant le sommet des chefs d'État à Versailles: « Il faut voir les syndicats, vous ne pouvez pas vous contenter de voir les politiques et les patrons. » On est de gauche, quand même. C'est moi qui dis à Mitterrand : « Il ne faut pas aller à Versailles. » Je me souviens que je lui ai fait une note. J'avais trouvé un site industriel désaffecté, j'étais déjà très créative à l'époque... J'avais trouvé un musée industriel dans le centre de la France. Cet endroit avait une sacrée gueule et je me disais que la gauche arrivant au pouvoir devrait aller dans une usine. Ce n'était pas si idiot, non ? À ce moment-là, la note revient barrée à l'encre bleue : « Ce sera Versailles ! » C'étaient ses réminiscences de monarque républicain et de la IVe République. Et il disait aussi une chose très juste : si la gauche ne porte pas les lieux symboliques quand elle est au pouvoir, elle ne peut pas être crédible.

Vous avez retenu la leçon ?

Oui, mais il s'est quand même trompé parce que Versailles a été beaucoup commenté et assez négativement. Il suffisait d'emmener les chefs d'État visiter Versailles après. Quoi qu'il en soit, il avait tellement attendu ce moment-là qu'il s'emparait sans barguigner des attributs du pouvoir.

Vous ne feriez pas ça, vous ?

Non. Il y a des endroits très beaux qui font briller tout autant la république.

Donc, vous voilà partie cahin-caha vers votre petite circonscription de campagne.

Me voilà arrivant le jour de la clôture des inscriptions. J'arrive sur les chapeaux de roue à 19 heures. À ce moment-là, on me trouve un suppléant et je dépose ma candidature à 20 heures. Tout était clos à minuit.

Et là, vous êtes en campagne. Comment ça se passe ?

Bien. Je retrouve mon enfance, je retrouve Chamagne, je retrouve mes Vosges (*avec l'accent…*), c'est facile pour moi. Les gens se disent : « Comment cette créature urbaine peut-elle bien s'entendre avec les paysans ? » Mais je suis chez moi. Je revis mon enfance, je connais les champignons, le son des cloches. Je revis. Je suis en phase. Je suis heureuse en fait.

Ça fait un peu sauvageonne, non ?

Peut-être… C'est un caractère très profond chez moi. La terre, l'enracinement, la marche dans la campagne. La pluie ne me gêne pas, le soleil non plus. J'aime viscéralement la nature. J'en ai besoin. J'aime marcher. Marcher et réfléchir. Ce qui est sûr, c'est que je pourrais tout recommencer de zéro. Il y aurait un cataclysme, un tremblement de terre, tout serait détruit, je ne serais pas à la rue. Je serais leader. Je dirais aux gens : « Ça n'est pas grave, on va faire ci, on va faire ça. » Quand le soleil se coucherait, je dirais, on va se coucher. Quand le soleil se lèverait, on irait travailler. Parfois, j'y pense. Je ne serais pas démunie s'il n'y avait plus d'électricité par exemple, plus de boutiques…

Vous aimez consommer ?

Non, je ne suis pas dans mon élément naturel. C'est assez artificiel pour moi. J'aime bien les choses agréables, je profite de la vie, j'apprécie les bonnes choses mais je pourrais vivre quinze jours en mangeant un bol de soupe. Ça ne me gênerait pas du tout. Je peux vivre comme ça. Survivre avec rien, ça ne me gêne pas. Je suis à l'aise partout. Dans le monde, comme on dit, mais aussi dans la vie plus simple. En fait, je regarde la qualité des gens. Je ne suis pas en représentation. Je vois tout, encore une fois. Je ne me laisse jamais abuser. Je peux faire semblant mais mon enfance me protège. Toujours. Je cherche les gens intéressants dans tous les milieux. C'est facile de discerner ceux qui n'ont pas de fond, qui n'ont rien dans le ventre, les obsédés de l'argent, les dragueurs, les malsains. Je vais mon chemin.

Vous êtes imperméable ?

Non, on ne peut pas dire ça, mais je mets toujours de la distance. Je suis spectatrice. Quand je suis bien avec les gens, je suis dedans mais je ne me laisse pas submerger. Jamais. Sauf par les enfants. Quand je les sens inquiets. Pour leur vie ou pour leurs parents.

On les connaît assez peu, finalement, à part Thomas, qui s'est beaucoup exposé dans la campagne et qui tient un rôle quasiment de garde du cœur !

Mes enfants, ils sont beaux dedans. Quand je pense à Thomas, c'est extraordinaire ce qu'il a fait dans cette campagne. Ce qu'il a fait, ce qu'il a pris sur lui, ce qu'il s'est découvert comme potentiel alors qu'il est tellement réservé, parfois d'une timidité extrême. Moi-même je n'en reviens pas. L'attention permanente aussi qu'il a envers moi. Il est d'une grande délicatesse. Comme Julien. Julien, c'est aussi mon conseiller littéraire. Souvent il arrive avec un livre à la main et me dit : « Tiens,maman, tu devrais lire ça. » Clémence, elle, c'est la sagesse incarnée. Elle est équilibrée, joyeuse. Quant à Flora, c'est la cadette (*sourire un peu rêveur*), celle que nous protégeons tous. J'ai des enfants magnifiques, je le reconnais ! C'est ma chance, ma plus grande chance. C'est probablement ma plus belle réussite.

Vous auriez aimé avoir plus d'enfants ?

Oui. J'en aurais aimé six. Parce que c'est facile en fait pour moi. Je ne suis pas malade, je travaille jusqu'au bout de ma grossesse et je suis debout le lendemain de l'accouchement. J'ai une santé de fer. Oui, j'aurais aimé six enfants. Mais ces enfants, je peux le dire, je les ai faits moi-même. Comprenez ce que je veux dire. Bien sûr, je les ai faits avec François mais je le dis, je n'ai pas honte de le dire… j'ai été la sécurité permanente, je les ai aidés à éclore.

Les enfants, ce sont les moments heureux. Je les ai eus tard, donc je les ai encore. Ça me tient debout. C'est eux qui m'ont tenue debout. C'est merveilleux de les avoir encore tous si près de moi. Ça raccroche à la vie. Sinon, quand on fait de la politique, on est totalement déconnecté. Les enfants, ça ramène à la vie. Ça leste. On est remise en cause, on est bousculée. Je pense souvent que je ne les ai pas assez accompagnés. J'ai été absente-présente. Flora avait commencé à jouer de la flûte traversière. C'était magnifique. J'ai pensé qu'elle se débrouillerait seule. J'aurais été une mère plus présente, je l'aurais encouragée à faire ses répétitions tous les jours, quand ça devenait difficile. Il sera toujours temps de s'y remettre mais j'ai quelques regrets. J'aurais aimé veiller davantage à leurs activités culturelles. J'ai toujours essayé de préserver du temps. J'en fais toujours trop. Quand j'étais ministre de l'Enseignement scolaire, je m'épuisais dans les tournées d'établissements. Quand je repars pour la campagne des législatives en 2007, ils sont déçus, mes enfants. Là encore, j'en fais trop. Flora m'a si peu vue pendant un an et demi, la primaire et la présidentielle. Ils attendent que je me pose, que je leur parle, que je sois un peu à eux. Et je repars en campagne. Pour quel résultat ? François Hollande m'a dit : « Tu es un formidable agent électoral. » Ils sont tous venus me chercher et ils me renvoient après, sans aucun ménagement. Tous les candidats ont fait campagne avec ma photo. Idem pour les municipales. Vous avez vu le résultat ? C'était lugubre, ces meetings… les gens sont dans la tristesse de la présidentielle. Ils se forcent à venir. Moi, je suis tellement ballottée, cognée intérieurement que j'y vais. Bon, j'ai fait le job, n'en parlons plus. J'ai fait mon devoir. « Si je n'y vais pas, je déserte », voilà ce que je me disais en mon for intérieur. On a fonctionné sur les vieux réflexes et surtout sur ma culpabilité… C'est vrai aussi que j'aime en fait battre la campagne. Mais une défaite à la présidentielle, c'est toujours malheur aux vaincus… Oui, mais je ne suis pas vaincue. Ça va peut-être vous faire sourire, mais je crois que tout commence…

Non, ça ne me fait pas sourire. Je pense qu'on a plusieurs vies dans une vie. Ségolène Royal tome II, la deuxième vie ?

Oui, mais j'aimerais bien en avoir sept, comme les chats.

Vous avez beaucoup voyagé depuis un an… Comme si vous rattrapiez le temps perdu ?

C'est vrai que j'avais voyagé avant mais c'était dans le cadre de mes fonctions ministérielles, des voyages coup de vent. Où je ne prenais pas le temps de dialoguer, de découvrir, de comprendre. J'ai voyagé aussi pendant les vacances, en famille, mais ça n'est pas pareil, évidemment.

J'ai mis ce temps d'après la présidentielle, ce temps de reconstruction, au service de ma connaissance. Pas théorique. Sensitive, presque. J'ai passé une dizaine de jours par exemple en Argentine et au Chili. J'avais à cœur d'aller à nouveau saluer Michelle Bachelet, qui affronte des difficultés incroyables et voit resurgir l'inévitable machisme. Mais j'avais aussi envie de culture. J'aime la poésie. J'aime Pablo Neruda. Je suis retournée à Valparaíso. J'ai visité, ce que je n'avais pas eu le temps de faire, la maison de Neruda. La Sebastiana, c'est une maison qu'il a construite lui-même. Vous la connaissez ?

Non, je ne suis jamais allée à Valparaíso. Et je le regrette.

C'est un endroit magique. De ces endroits où l'on prend de la force. Ce qui était étonnant, le jour de la fête des Morts, c'était de voir des dizaines de milliers de Chiliens faire la fête dans les cimetières. Nous avons une approche triste, et surtout sans espoir, de la mort. Ça m'a touchée, ce caractère festif pour saluer le grand voyage. Je me suis dit que tout n'est décidément qu'une question de regard, de lunettes. Comment regarder un événement, même le plus tragique.

Transformer le pire en meilleur. C'est peut-être ça, les véritables alchimistes ! Même si c'est dur dans un monde où même les compliments sont suspects.

C'est très juste ce que vous dites. L'extrême gentillesse peut faire peur, peut semer le doute. Je vis de toute façon dans un milieu où la gentillesse est interdite. Elle est assimilée à de la faiblesse de caractère. Une confusion de valeurs. Parfois, on relâche la garde et paf… les balles sifflent. Pas seulement les femmes, les hommes aussi. On se blinde. C'est vraiment dommage. Mais j'ai été profondément heureuse de rencontrer cette chaleur de l'Amérique latine, cette gentillesse d'autant plus grande qu'avec moi il n'y a pas d'enjeu national. Un élu de la province m'a dit, avec ce bel accent hispano : « Ségolène, il faut continuer. Nous avons besoin d'un leader charismatique de gauche en Europe, et plusieurs dans le monde, pour faire gagner la gauche. »

Ça m'a fait du bien, évidemment, d'entendre ça ! J'ai découvert aussi Buenos Aires. Quelle ville ! Quel espace ! Quelle force ! J'ai aimé Buenos Aires. En fait, l'Amérique latine me donne du courage.

Votre voyage en Inde vous a permis de rencontrer Sonia Gandhi…

J'admire son courage devant les épreuves qu'elle a traversées. C'est une femme qui s'est forgée dans le bonheur profond avec son mari et dans le drame avec l'assassinat de cet homme qu'elle aimait par-dessus tout. Elle est revenue du sud du pays spécialement pour me saluer. Ça n'est pas par orgueil que je dis ça. C'est un geste fort dans un agenda qui est certainement plus serré que le mien actuellement. En fait, j'ai l'impression que, depuis la défaite, il y a comme une chaîne de bienveillance qui m'entoure et qui m'a aidée à passer les étapes, les pires moments. C'est incroyable et ça donne une confiance absolue dans la vie.

Pour en revenir à l'Inde, j'ai été frappée par l'élégance

de ce peuple, à tous les sens du terme. Élégance physique, immense courtoisie. Les Indiens sont beaux à regarder, lorsqu'ils marchent, leurs tenues, leur allure. Il y a une sagesse qui se dégage d'eux, et aussi de ce pays qui émerge, coincé entre la superpuissante Chine et l'inquiétant Pakistan. La plus grande démocratie du monde. Vraiment, il y a une profondeur chez les Indiens qui devient une évidence dès que vous entamez le dialogue. Un autre regard. J'en garde un merveilleux souvenir et je veux surtout regarder avec attention le développement de ce pays qui devient l'un des piliers du monde. Ma rencontre avec le Premier ministre était d'un niveau remarquable. Oui, l'Inde est une découverte. J'aurais d'ailleurs dû y aller pendant la présidentielle aussi.

Il faut bouger dans le monde… Vous ne croyez pas ?

Si, d'autant que le monde est un petit jardin… Ces voyages ressemblent en fait à une thérapie. Je me souviens d'une conversation que nous avions eue avant votre départ pour l'Argentine. Vous aviez emporté plusieurs livres, pour vous redonner le moral, et vous avez retrouvé le créole de votre enfance pour me dire une phrase qui m'a marquée : « Moi couturée. Si bougé trop, fil ka casser ! »

Je m'en souviens. C'était un moment lourd.

C'était avant la sortie du livre *Ma plus belle histoire*. Je ne savais pas encore comment il allait être accueilli. J'étais dans le doute de tout. De moi, des autres. Mais c'est drôle qu'on reparle de ça. C'était il y a à peine six mois et ça me paraît une éternité. Aujourd'hui, j'en souris. Et je me demande comment on peut se mettre dans des états de souffrance pareils… Plus jamais ça, même si je me dis qu'au-delà de mes problèmes de famille et de ma défaite à la présidentielle, la vie m'a épargnée.

Ah, quand même, vous reconnaissez que vous êtes plutôt bien lotie, non ?

Oui, c'est vrai. Reconnaissons-le, mais vous savez, quand tout s'effondre, on se replie et on oublie effectivement une forme de reconnaissance, de remerciement de ce que la vie nous a donné. Et la vie m'a beaucoup donné, même si j'ai énormément travaillé pour ça... On ne m'a rien offert. J'ai tout arraché, par la force de mon travail.

Nicolas Sarkozy dit cela aussi. Que personne ne lui a fait de cadeau...

Je ne sais pas si c'est vrai, mais pourquoi pas ? Il faut bien que nous ayons des points communs tous les deux, sinon nous ne nous serions même pas rencontrés pour nous combattre, politiquement bien sûr. Moi, en tout cas, tout ce que j'ai, je suis allée le chercher avec les dents. Dans des conditions matérielles confortables, une aisance financière évidente, mais quand même. On ne m'a jamais rien proposé. Il n'y a pas eu de facilitateur. Des gens qui protègent sur le chemin, bien sûr, mais des facilitateurs, non. On me propose beaucoup maintenant. C'est lié à ma campagne présidentielle. Je prends goût à ces conférences, ces rencontres internationales. Je ne veux pas être spécialement payée. Je préfère pouvoir rester un jour de plus et découvrir le pays, nouer des contacts. J'ai été invitée à la conférence de Doha, au Qatar, après l'Inde. Je n'avais jamais mis les pieds dans les Émirats arabes. Je regardais de loin les efforts de ces pays pour tenter d'harmoniser leur culture, les pressions de l'islamisme radical, le monde moderne et les pétrodollars. C'est essentiel de ne pas regarder l'autre uniquement avec ses codes à soi. J'ai été très impressionnée par l'ouverture de ce pays. L'accueil aussi sans *a priori*. J'ai été frappée par l'ouverture, encore une fois, j'insiste, du Qatar. C'était très fort d'y voir la délégation israélienne. Pourtant, il y a eu des pressions très fortes mais l'émir n'a pas cédé. C'est un signe essentiel à mes yeux. J'ai passé un très bon séjour et quelques heures dans le désert. En fait, je me suis dit en rentrant que je pourrais vivre sans problème sous une tente bédouine !

Amitiés au long cours

Boulevard Raspail, octobre 2007
— train Paris-Poitiers, mai 2008

Un simple texto : « Passez voir mon nouveau tipi. Demain, 17 heures. Ça vous va ? » L'invitation est sobre, sans fioritures. Courtoise mais jamais familière. À prendre ou à laisser. Mieux vaut ne pas laisser. Les invitations sont rares.

Elle est à l'heure. Inhabituel. Ces bureaux, elle en rêvait depuis la défaite. Cloîtrée au siège de l'Association des Régions de France, boulevard Saint-Germain, à un jet de pierre de son QG de campagne, le 2-8-2. Confinée dans des horaires stricts, entourée surtout de gens qui ne l'aiment pas vraiment. Alain Rousset, le président de l'ARF, ne veut lui faire aucun cadeau. Il l'a accueillie parce qu'« il le fallait bien », confie-t-il souvent aux journalistes qui s'interrogent. S'enfuir, oui, mais pour aller où ? Rue de Solférino, un bureau l'attend. Il donne sur la terrasse. C'est non. Trop d'antagonisme. Tout est à vif, sa colère, leur détestation réciproque. Et puis Pierre Bergé est arrivé et a choisi de l'aider à s'installer dans cet appartement bourgeois du très chic 6e arrondissement. Lui et tous les autres donateurs, célèbres ou anonymes, qui adhèrent à son association Désirs d'avenir.

Ce jour-là, il fait gris souris. Un temps à mitonner de la mélancolie. Des murs blancs, des moulures, des pièces vides, des cartons qui s'entassent. Elle fait visiter. Son chez-soi. Son officier de sécurité lui montre l'heure. « Madame, il faut partir dans une demi-heure. » Elle sourit et poursuit la visite. « Il y a même une cuisine », dit-elle. Nous voilà dans son bureau. Elle a racheté une partie des meubles de son QG de campagne. Rouge et blanc. À côté, une grande salle de réunion. Dans quelques mois elle servira de véritable *war room* pour l'équipe politique qu'elle commence déjà à mettre sur pied. Pour le moment, elle est vide, mis à part un cendrier qui traîne et des ordinateurs prêts à être déballés. La veille, son petit cercle d'économistes a pendu la crémaillère discrètement. Ses premiers invités. Réunion au milieu des cartons. Ambiance potache.

Retour dans ce bureau encore vide. Elle se cale dans son fauteuil. Visage fatigué, lassitude d'un boxeur dans les cordes et silence, brisé par un : « Alors, comment ça va ? »

Ségolène Royal n'a jamais su faire la conversation.

Au fil des ans, je me suis habituée à cette timidité extrême doublée d'une méfiance naturelle à l'égard des journalistes. Quels qu'ils soient. J'ai trouvé ma solution. Rire, plaisanter, me moquer d'elle. Ça fonctionne souvent, parfois c'est une circonstance aggravante. Mais ce jour-là, ça ne fonctionne pas. Elle est ailleurs, entre deux voyages, deux lignes de fuite. Rentrée du Québec, en partance pour l'Argentine et le Chili. Fuir, aller chercher ailleurs les louanges qu'on lui refuse ici. Son discours à l'université de Québec a été un triomphe, elle est une star en Amérique latine. Elle le sait. Elle en a besoin. « Les Chiliens m'attendent, les Argentins m'ont envoyé plusieurs messages de confirmation. C'est bien, non ? » Je réponds « oui » en riant. Et elle ajoute : « Vous avez lu le Jospin. Comment peut-on écrire des choses pareilles sur moi ? Comment peut-on se déchaîner ainsi ? » Silence. Perdue dans ses pensées. Je réponds simplement : « *Vae victis*, malheur aux vaincus, règle éternelle de la politique. Rien de plus. »

Inutile de revenir sur la campagne, le manque de sagesse collectif, la folie destructrice des entourages. Ce film, chacun l'a fait, refait dans son coin. La pluie commence à frapper les vitres.

« Mais je suis là, debout. Je vais me battre. » Est-ce l'ambiance ouatée du lieu, le gris du ciel, le silence des bureaux, la liste des amis qui ont quitté le navire : Julien Dray, Patrick Menucci, Christophe Chantepy ? Est-ce la seule présence de l'irremplaçable Dominique Bouissou, restée malgré la tempête et les menaces, de l'officier de sécurité qui plaisante au bout du couloir, ou l'affairement d'Emmanuelle, son assistante, qui pianote sur son ordinateur ? Petite équipe soudée à la vie à la mort. Rien de cela n'évoque un nouveau départ.

« Vous croyez que je n'y arriverai pas, hein ? » a-t-elle lancé, bravache. Je me souviens avoir répondu un : « Non, je ne sais pas. Qui peut dire de quoi demain sera fait ? » Une réponse stupidement bien élevée. Elle le sait mais elle est habituée à lire de la commisération, de la pitié, des critiques, de l'ironie ou de l'abattement dans le regard de ceux qu'elle croise depuis la défaite.

« Eh bien, vous verrez, Françoise ! Vous verrez. » Ce jour-là, elle ne veut plus parler d'elle. Les yeux se perdent à nouveau dans le vague. Elle regarde sa montre. Interrompt une phrase en plein milieu. « Bon, désolée, je dois y aller. » Elle n'est déjà plus là. Fin de l'entretien.

Quelques mois plus tard, train Paris-Poitiers. Seconde classe comme toujours. Philippe Guibert, l'une des pièces clés de son équipe, me cède gentiment sa place. Visage barbouillé de fatigue de l'ex-candidate. Un peu de provocation de bon matin, ça ne fait pas de mal. « Alors, madame Royal, on danse dans les boîtes jusqu'à l'aube ? — Si je vous disais oui, vous ne me croiriez pas, répond-elle, regard glacial. Donc non. J'ai travaillé très tard sur mon discours et je n'aime pas l'intrusion. Allez, ne perdons pas de temps ! On avance ! »

La journée commence en fanfare. Pas de doute possible : Ségolène Royal est bien la fille du colonel Royal.

Beaucoup de gens s'interrogent aujourd'hui sur la psychologie de Nicolas Sarkozy. Ce sont des questions qui ne se posaient pas il y a vingt ans dans la sphère publique. On sait pourtant que Jacques Chirac, après sa défaite en 1988, plonge dans une dépression profonde dont il mettra un an à sortir. Mais à l'époque personne n'évoquait ces sujets. Nous voilà dans l'ère de la vraie-fausse transparence où un grand hebdo peut s'interroger sur le président et les psys. Où vous-même vous avez annoncé publiquement votre séparation d'avec François Hollande, sur France Inter, où vous avez aussi livré vos sentiments, à la télévision. Mais il y a naturellement une part qui échappe aux spectateurs que nous sommes. Essayons cette fois d'aller au bout de cette question, si vous le voulez bien. Comment se remet-on d'un échec à la présidentielle, après une campagne qui n'a pas connu un instant de répit ?

D'abord grâce à ses propres forces et à celles de son entourage…

Vous rechignez toujours à dire vos « amis ». C'est un mot tabou ?

Non, c'est par pudeur. Oui, grâce d'abord et avant tout à la fidélité de mes amis et à l'amour de mes enfants.

Parlez-moi de vos amis... Sophie Bouchet-Petersen...

Sophie, je l'ai repérée à l'Élysée, ça fait plus de vingt ans... Tout de suite j'ai repéré cette fille qui était un bourreau de travail. Personnalité débordante, détonante même, mais quelle capacité de travail ! On avait des liens assez formels, je la voyais passer comme un zombi. Plus tard, quand je suis devenue ministre de l'Enseignement secondaire, je lui ai demandé de rejoindre mon cabinet. Elle a accepté. J'ai eu l'intuition que ce serait quelqu'un de précieux pour moi. C'est une vraie intellectuelle, totalement iconoclaste mais très structurée politiquement. Ça a été le cas. C'est elle qui m'a fait connaître Nathalie Rastoin, sa grande amie.

Voilà comment le trio s'est constitué.

Et de Nathalie Rastoin, vous diriez quoi ?

C'est une publicitaire hors pair, qui sent le monde qui nous entoure et travaille énormément. C'est la meilleure. Elle n'utilise jamais de mots en trop. Chaque phrase est juste, elle touche.

Vous diriez que c'est votre Jacques Pilhan ?

A-t-on besoin d'un Jacques Pilhan, un sorcier de la com ? Je ne sais pas. Mais oui, c'est elle qui se rapproche le plus de la fonction.

Mais encore une fois, je ne sais pas si mon meilleur spin doctor, ça n'est pas moi-même !

Sophie et Nathalie, c'est le duo des filles, incassable, au long cours ?
Oui, même si parfois nous nous affrontons sur des points politiques précis. Nous trouvons toujours un accord. Mais vous savez, l'amitié, c'est élastique, on s'éloigne, on se rapproche. Il y a un accord tacite entre nous. Personne ne dévore la vie de personne. Et comme tous les gens qui me sont proches, je protège…

Vous pensez que vous êtes une figure protectrice ?
Je les protège dans le sens où j'encaisse, toujours, tout, en première ligne… Je suis le chef. Je ne dis pas qu'ils sont des soldats ou des officiers ! Malgré ma lignée paternelle, et contrairement aux caricatures, je n'ai pas une façon de fonctionner militariste. Mais je protège en ce sens que je ne me suis jamais abritée derrière personne, je n'ai jamais laissé les autres prendre des coups à ma place. J'assume toutes ces erreurs parce que c'est mon équipe, ma petite PME, nous sommes unis, soudés, solides. Je râle mais ça passe. Encore une fois, nous sommes soudés. Ça fait des années. Certains ont pris du champ, comme Christophe Chantepy, après la campagne. C'est un homme remarquable. Le lien existe toujours. D'autres sont toujours là comme Jean-Luc Fulachier, Pascal Tallon et bien sûr Jean-Pierre Mignard.

Jean-Pierre Mignard, c'est le meilleur ami de Ségolène Royal ?
Ah… lui… C'est mon meilleur ami… En fait non, c'est mon frère ! Voilà, c'est ça, je dirais de Jean-Pierre que c'est

mon frère. Bien sûr c'est un avocat merveilleux, un très fin politique. Il a une intelligence extrême. Il est catholique, très croyant et vraiment ouvert sur le monde, les autres. Et surtout, il possède le goût du secret. Je peux tout lui dire, lui raconter, il ne me trahira jamais. C'est sa profession, bien sûr, mais c'est aussi lié à sa personnalité. Je ne l'ai jamais entendu raconter les histoires des uns et des autres en ma présence. Pour moi c'est très important. Je n'aime pas ces cancans, ces piapiatages qui nourrissent la vie politique, la discussion politique. J'ai assez souffert de la rumeur, on ne va pas s'étendre là-dessus, j'ai assez souffert de voir écrit n'importe quoi sur Internet, de voir ma vie étalée dans des livres, des journaux. Je déteste parler de la vie privée des autres. Ça m'écœure. Car bien souvent, lorsqu'on me parle de la vie privée des autres, c'est pour en venir à parler de la mienne. C'est intrusif. Je n'aime pas l'intrusion. Jean-Pierre n'est jamais là-dedans. Je voudrais en faire mon garde des Sceaux ! Évidemment ça aurait encore été un scandale. Un président de la République ne nomme pas son avocat. Je m'en moque.

Mais le plus important, c'est qu'on peut tout lui dire. Il absorbe tout. Jamais il n'a trahi quelqu'un. Jamais il ne raconte rien. Dans un monde où tout le monde bavasse, j'aime les gens qui ont de la réserve.

Il y a aussi Dominique Besnehard…

Ah, Dominique… (*Elle réfléchit.*) C'est un cadeau tombé du ciel. Il a un regard perçant. Il est toujours à mes côtés. Ses conseils sont très précieux. Mais comme tous les artistes, il a son libre arbitre. C'est quelqu'un qui vient de la campagne et qui s'est fait tout seul. Un jour, il m'a dit qu'il adorait, quand il était petit, aller chez le dentiste parce que c'était une des rares occasions d'aller à la ville, lui qui vivait dans la campagne normande. Il a un regard magnifique.

Ce regard d'artiste, vous en aviez besoin ?

Oui, j'avais besoin de retrouver ce monde, où la grâce, l'intuition accompagnent la réflexion politique. En fait, Je ne m'enferme jamais dans une relation unique, ça n'est pas possible, on finit avec des œillères. J'essaie d'ouvrir ma vie aux quatre vents. C'est très important. Au fond, je dirais que cet échec, ce double échec m'a permis d'ouvrir ma vie. Comment dites-vous, déjà ?

De changer d'aiguillage...

Voilà, c'est ça. Je trouve une autre respiration, je découvre d'autres manières de voir. J'ai passé des années comme dans une boîte, persuadée que c'était la meilleure façon de vivre. J'étais heureuse mais une part de moi restait recroquevillée, vous comprenez ce que je veux dire ? Pas déployée. Comme beaucoup de femmes de ma génération, j'ai tout porté. Je ne demandais pas grand-chose parce que la vie, c'est comme ça. Je me suis accommodée. De beaucoup de choses. Je me suis accommodée. Aujourd'hui, je ne veux plus faire de compromis avec ma vie. Ni de compromis avec mes idées et mes convictions. Et surtout, stop au dénigrement.

Vous vous dénigrez beaucoup ?

Oui, je me suis beaucoup dénigrée. C'est d'ailleurs une spécialité féminine, vous ne croyez pas ?

Exact… assez bien partagée d'ailleurs…

Il y a toujours un moment où on se dit qu'on a mal fait et que ce qui nous arrive, eh bien, c'est normal parce qu'on n'a pas été comme ci ou pas été comme ça. La politique ne vous exonère pas de ce genre de pensée, de fonctionnement. Aujourd'hui, c'est presque fini. En tout cas, malgré les airs de femme sévère ou de mère tape-dur dont on veut m'affubler, je n'ai jamais vraiment été très sévère dans ma vie privée, c'est le moins qu'on puisse dire… (*Rires.*)

Vous vous rendez compte que j'ai dû aussi subir des commentaires peu amènes là-dessus. Qui sont ces gens qui peuvent écrire cela, que je suis insupportable à vivre ? Qui connaît ma vie, à part ce qu'on en dit sur Internet. Mes amis venaient à la maison et me regardaient en guettant les signes de dépression sur mon visage. En fait, je suis arrivée à une forme de résilience. Le soir de Noël 2007, j'étais heureuse, j'étais en paix avec mes quatre enfants, apaisée après la sortie du livre *Ma plus belle histoire*, avec ce sentiment qu'un nouveau chemin s'ouvrait, qu'il fallait le prendre, tranquillement sans me faire de mal, en refusant qu'on me sadise, qu'on insinue le doute dans mon esprit. « Tu ne vas pas y arriver… là tu t'es trompée… non, il ne fallait pas le dire comme ça. » Savez-vous combien de fois j'ai entendu ces phrases en trois ans, de la part de combien de gens ?

Dans mon nouvel univers, plus personne ne me parle comme ça, ne me sadise comme ça. Je ne laisse plus l'espace à cela. J'ai fait ma mue. Et je me demande bien comment j'ai pu vivre aussi longtemps sous cette forme de tutelle. On peut me dire beaucoup de choses, même des choses très dures, mais je n'accepte plus qu'on dénie mon droit à l'existence et surtout le fait que, une bonne fois pour toutes, les femmes sont les égales des hommes dans bien des domaines, notamment en politique. C'est ce vécu douloureux qui me permet de comprendre les autres. Tous les autres... Je ne suis pas une femme soumise, je ne suis pas non plus une femme arrogante. Je suis Ségolène Royal, candidate à la présidentielle, qui a fait de son mieux et refera de son mieux. Vous comprenez, j'en ai assez de cette lâcheté permanente, de cette manière de m'utiliser sans le dire, cette façon aussi de me piller et de me critiquer dès que j'ai le dos tourné. Si vous croyez que je ne sais pas ce que ces beaux messieurs racontent dans les déjeuners et les dîners. Comme tout le monde piapiate, ça revient toujours à mes oreilles. Souvent d'ailleurs, c'est aussi fait pour ça. Une sorte de guerre psychologique, à distance, une façon de m'intimider. Parfois ça me met en colère, mais je dois dire que ces méthodes quasiment enfantines me font vraiment rire. J'avance, je fais ma course avec mon équipe. Contrairement à l'image qu'on véhicule, j'ai une équipe structurée sur le plan politique. Je sais que cela fait sourire. Et pourtant c'est vrai : qu'il s'agisse de Vincent Peillon, François Rebsamen ou des filles, Delphine Batho ou Najat Belkacem, nous sommes en train de créer une véritable cohésion. Que n'ai-je entendu sur la nomination de mon jeune directeur de cabinet, Cyril Piquemal ? Il croit aux idées, il est vraiment créatif et courageux. Que ce soit mon attachée de presse, Dominique Bouissou, d'une efficacité stratégique redoutable et d'une loyauté sans faille, que ce soient mes fidèles Blanka ou Emmanuelle, que ce soient les nouveaux comme Philippe Guibert, Dany Élise ou Alexandre, chaque membre de cette équipe est très précieux à mes yeux. Parce que aucun n'est malsain, aucun ne se complaît dans le marigot. Parfois c'est moi qui m'inquiète, qui m'agace aussi, quand ils vont au-delà de leurs limites.

Et vous y allez de votre petite leçon de morale, genre « maman fait de la politique » ?

Mais oui… et c'est normal ! (*Sourire.*) Je n'aime pas voir les gens s'abîmer physiquement, se pousser au bout de leurs limites, surtout mes proches. C'est important pour moi de dire. Au début, quand nous nous sommes installés à Raspail, j'ai vainement tenté d'empêcher les uns et les autres de fumer dans les bureaux. Vainement j'ai dit… J'ai même fait disparaître les paquets de cigarettes mais ça n'a pas marché… Je n'aime pas voir les gens s'épuiser.

C'est pourtant ce que vous faites, même si vous ne fumez pas…

Non, je connais mes limites, vraiment. Je sais quand je dois m'arrêter. Je travaille beaucoup, je sors beaucoup, je rencontre des gens. Il m'arrive de veiller très tard, de travailler jusqu'à deux heures du matin, mais je sais récupérer. Je vous assure. Et mon bien-être à moi passe aussi par mon espace à moi. J'ai mon espace. J'ai besoin de cet espace. Ça passe aussi par des soirées douces, des moments de solitude, du bon vin avec les amis. J'adore la bonne cuisine, le bon vin, la bonne vie. La rigolade. J'aime bien faire ripaille. J'ai toujours aimé ça. Ça ne s'est pas vu pendant la présidentielle parce que je n'avais pas le temps. Mais j'ai toujours aimé ça. Ripailler, rire, et même les blagues graveleuses. Je ne sais pas moi-même raconter des blagues. C'est compliqué.

Mais ça ne me gêne pas qu'on jure comme un charretier à côté de moi, et qu'on raconte des histoires graveleuses dès lors qu'on le fait avec espièglerie et humour. Je dis ça parce que la Royal coincée, ça suffit, certains confondent promiscuité et grivoiserie. Moi, j'aime à la fois Jeanne d'Arc… et Mélusine.

Mélusine ou Messaline ? Ce n'est pas la même chose !

Messaline, n'exagérons rien… ou peut-être en fantasme. Et encore ! Mélusine, c'est bien, c'est une fée. Mais nous abordons un terrain glissant dont il est urgent de sortir (*éclat de rire*). Pour en revenir à ma petite troupe, je garde toujours un œil sur eux. Pas au quotidien mais je vois bien quand quelqu'un devient pâlichon, qu'il maigrit trop ou qu'il a l'air soucieux. Je regarde. J'aime bien parfois envoyer des fleurs, rapporter des cadeaux. Je rapporte toujours des souvenirs de mes voyages. Aux filles parce que c'est plus dur pour elles. Je fais la razzia à l'aéroport. Des petits sacs, des colliers, des étoles. J'aime ce moment du retour où je fais des cadeaux. Donc tout ça pour dire que je voudrais que tout le monde travaille beaucoup mais sans dépasser certaines limites que moi-même, parfois, je ne parviens même pas à évaluer… tant la politique nous dévore mais démultiplie aussi nos forces. À un moment donné, on ne marche plus que sur les nerfs, on ne tient plus que sur une sorte d'animalité surpuissante, qui nous fait faire le pas de plus et encore le pas et encore un pas. On sait que le corps ne suit plus, que la tête va exploser, et pourtant on avance. Avant de s'écrouler.

Pourtant, vous avez passé vos limites pendant la primaire et la présidentielle. C'était évident.

À quoi avez-vous vu ça ?

Lorsque vous commencez à faire des phrases en boucle, qui s'allongent, quand vous prenez un mot pour un autre, quand surtout vous ne vous concentrez plus. Que vous êtes ailleurs. Là et pas là. Les yeux ailleurs… C'est assez troublant. J'ai retrouvé ce trait de caractère dans le livre de Yasmina Reza sur Nicolas Sarkozy. Vous avez, semble-t-il, cela en commun.

Je pense que c'est une manière de se protéger. De se claquemurer. De faire le point aussi sur la situation dans des journées qui ne vous laissent parfois même pas le temps de grignoter. Vous n'imaginez pas ce que c'est qu'une campagne. Vous avez senti la dureté en la suivant mais la faire, c'est encore autre chose. Un jour, aux Antilles, je me suis révoltée. Ils me prenaient pour superwoman, mes amis. Trois meetings par jour. Ça n'est pas une question de chaleur. J'adore la chaleur, les tropiques. Ça ne me dérange absolument pas. Question de naissance et d'essence. Chaud, humide, très chaud, très humide ou très sec, ça me convient parfaitement. C'est mon essence. Non, c'était une question de concentration justement, de précision. C'était trop.

Et pourtant, vous êtes la première à bourrer les agendas, à les remplir jusqu'à la gueule, à vous mettre dans la situation d'être submergée, étouffée…

Pourquoi dites-vous ça ?

C'est un constat. Je vous ai toujours vue tenter de faire rentrer cinq heures dans trois heures, des ronds dans des carrés. En clair, toujours le problème du rapport au temps. Des retards qui sont franchement insupportables pour ceux qui attendent, des journées totalement décalées… des rendez-vous forcément annulés et donc reportés. On a le sentiment que vous n'aimez vivre que dans une forme de chaos, de construction permanente, mouvante, que vous organisez vous-même la désorganisation…

C'est joliment dit ! C'est vrai que ça peut surprendre mais j'aime m'adapter, et aucune journée n'est monolithique. À part les horaires de trains, que finalement je rate assez peu…

Coup de chance, il y a un train toutes les heures pour Poitiers !

Oui, c'est vrai mais à part les horaires fixes ou les rendez-vous incontournables, comme mon conseil politique du mardi matin, les engagements dans ma région trois jours par semaine ou le groupe des vingt avec lequel nous planchons sur des sujets essentiels, et qui est composé de gens qui vivent entre Paris et l'étranger, à part cela, toute journée qui commence est susceptible de se modifier plusieurs fois en fonction de l'actu, de mon feeling aussi, de ce que je ressens en lisant les journaux, en écoutant la radio… assez peu c'est vrai.

Pourquoi, c'est un média qui ne vous plaît pas ?

Si, au contraire, c'est un média formidable. Vrai. Une voix qui parle. Mais le matin, j'aime m'occuper de Flora avant qu'elle parte à l'école. J'essaie en tout cas de le faire le plus possible. Prendre ensemble un petit déjeuner. Et là, la radio est éteinte. Mais c'est vrai que je modifie mes journées souvent en cours de route. C'est important, encore une fois, de s'adapter.

C'est quelque chose justement que mes proches ont admis. Ils ont parfois résisté, résistent encore, mais ils s'adaptent eux aussi. J'ai tellement vu de ministres prisonniers de leur cabinet, de la dictature de l'agenda, trimballés comme des valises, parfois dans des endroits où ils n'ont rien à faire. Parfois, je sens que l'équipe vacille. Pas par manque de courage. Parce qu'ils s'inquiètent, mais ils retrouvent rapidement leurs esprits. On a beaucoup moqué mes changements de pied, de parcours, d'agenda, de tempo. Mes annulations aussi, pendant la présidentielle. Que n'ai-je entendu pour avoir osé annuler la veille une interview avec le Grand Jean-Pierre Elkabbach. Tout le monde s'y est mis. À tour de rôle. Jusqu'à minuit. Mais je n'ai pas cédé. J'ai envoyé Chevènement parce que je sentais que c'était mieux. Que j'étais de toute façon trop épuisée. Au fond, je me moque de ces jugements. Je me moque de ces stéréotypes. La politique se dessèche. Je ne veux pas être une femme politique desséchée. Je voudrais participer à la naissance d'un monde nouveau. C'est très récent, ce sentiment-là chez moi. Peut-être parce que j'ai toujours eu la tête dans le guidon, que ce soit au ministère, à la Région ou pour la primaire et la présidentielle. Ce sentiment qu'il faut faire émerger un monde nouveau mais cette incapacité à le formuler clairement, à le théoriser surtout. L'échec a eu du bon. Il m'a lessivée, il m'a laissée totalement sonnée comme après une tempête, mais il a remis quelques idées en place et surtout en exergue.

Le vieux monde est mort ?

Oui, mais il ne le sait pas encore. Disons que nous assistons aux derniers spasmes. C'est pour cela que tout est si violent. Que les vieux démons se débattent, partout, dans tous les domaines. Regardez le PS, regardez le monde, regardez l'Afrique... Tout n'est pas sur le même plan mais c'est le même processus. Ça pousse, en dessous, très fort pour faire émerger autre chose, plus humain, plus égalitaire, plus fraternel, plus partageur, plus tolérant, et la couche du dessus résiste. C'est un rapport de forces. Que nous allons gagner. Ça n'est pas basique binaire, comme la lutte entre le bien et le mal. Non, c'est un mouvement qui vient de loin, qui pousse pour naître... Je crois absolument à l'évolution humaniste de la société, à la nécessité de replacer l'être humain au cœur de toutes choses... Mais pas en blablabla... dans le réel, le concret, je crois au pouvoir doux... pour tout dire, je compte là-dessus, sur la force des femmes, qui englobent et absorbent bien mieux que les hommes.

Votre équipe de travail est incontestablement soudée depuis des années. Mais où en est l'équipe politique ?

Vous savez, quand vous gagnez, tout va bien, tout le monde vous aime. Regardez la primaire, regardez tous les élus socialistes, ils étaient tous mes amis. Aujourd'hui, disons que j'ai moins d'amis ! (*Rires...*) Mais il m'en reste beaucoup. C'est vrai que Vincent Peillon s'est imposé dès l'été 2007. Il était là, malgré mes silences. J'avais emmené mes enfants en vacances en Guadeloupe, avec les à-valoir de mon livre, pour qu'on oublie tout ça. Je crois bien avoir rempli des seaux de larmes en essayant de noircir les pages de mon livre. Inutile de vous dire que je n'ai pas réussi à écrire grand chose (*elle éclate de rire*). Je peux d'autant mieux le dire que c'est fini. Mais ça a été la grande purge du système (*sourire*)… J'étais difficilement accessible. Mais Vincent a continué à parler avec moi, et François Rebsamen aussi. Avec naturellement ce noyau, si solide, Jean-Louis Bianco. Le point fixe de l'équipe. Le repère. Et David Assouline, qui a beaucoup porté la campagne des législatives. Il est toujours là lui aussi, il ne m'a jamais abandonnée après le 6 mai. Comme Dominique Bertinotti. Ça compte, vous savez, ça compte beaucoup. Dans une défaite vous êtes seul. Totalement seul. Eux, ils étaient là. Comme Delphine Batho. Comme Najat Belkacem, comme Aurélie Filippetti ou Guillaume Garot. Cette jeune garde, je l'aime. Je veux la pousser. La propulser. Pour en revenir à cette équipe politique, il y a ces piliers et puis ceux qui gardent toujours un œil sur moi. Patrick Menucci par exemple. Nous avons créé des liens indéfectibles dans la primaire. Avec Julien Dray, nous procédons du courant alternatif (*rires*). D'autres viendront. Je ne sais d'ailleurs pas comment nous aborderons le congrès mais ce noyau est très solide. Les ambitions des uns et des autres sont légitimes. Je ne les nie pas mais tout cela est très nouveau pour moi. Structurer une équipe politique autour de moi. Ça n'est pas dans mes mœurs. Mais j'apprends. Et c'est finalement très enrichissant. Le mardi matin devient un rendez-vous essentiel. Parfois houleux, parfois consensuel. Mais structurant. Ils sont restés, même quand j'étais groggy. C'est difficile d'être la patronne, de tenir tout le temps debout, de montrer que tout va bien quand vous avez pris quelques K.-O. debout sur le ring et que la mitraille continue même quand il n'y a plus rien à mitrailler. Comment dites-vous déjà ?

Vae victis, *malheur aux vaincus… Ce qui me frappe depuis que nous avons débuté ces conversations c'est votre notion très forte de votre rôle de chef… C'est un mot qui revient souvent dans vos phrases.*

Ça vous choque, chef?

Non, ça me fait rire. Vous êtes d'un côté extrêmement iconoclaste mais de l'autre très conventionnelle !

Ah bon, en quoi ?

Vous fréquentez les endroits où il faut être, vos proches sont toujours considérés comme les meilleurs dans leur fonction, vous donnez votre oreille aux éditorialistes prestigieux, vous dînez avec les acteurs en vogue. Il y a chez vous un côté qui aime ce qui brille…

J'aime l'intelligence et le talent à tous les niveaux. Encore une fois, je ne suis dupe de rien. D'ailleurs, vous-même, est-ce que vous dînez en ville ?

Non, j'ai horreur de ça, de ce petit monde qui s'autoalimente, s'empoisonne et critique en permanence, c'est épuisant. On dépense une énergie folle. À vouloir convaincre des murs d'orgueil et d'arrogance. Par ailleurs, il n'y a pas plus stupide qu'un journaliste persuadé qu'il a raison, et croyez bien que je n'échappe pas moi non plus à la règle !

Quelle franchise ! Vous voyez, vous ne dînez pas en ville, mais avec qui est-ce que je fais ce livre ?

Avec moi, mais je suis l'exception qui confirme la règle !

(*Éclat de rire.*) Si vous le dites ! Je me suis beaucoup révoltée contre le système et je me révolte encore. Il y a bien longtemps que je ne me force plus à dîner avec des gens qui ne me conviennent pas. Croyez-le. J'ai horreur des codes imposés, des figures imposées.

Mais vous êtes une femme du système aussi…

Non, je suis une femme publique, c'est différent.

Vous vous considérez comme une star ?

Non, je suis plutôt quelqu'un qui est proche du peuple. Je le dis sans détour. J'aime ce pays, j'aime les citoyens… et j'aime, n'en déplaise à mes adversaires, j'aime la politique.

Se peut-il qu'un jour vous ayez envie de quitter la politique ? Pour une raison personnelle, une raison heureuse ?

Je vous vois venir avec vos gros sabots. Donc si je suis votre raisonnement, je serais heureuse dans ma vie de femme, en amour, au point de décider de ne plus faire de politique ? Ça voudrait donc dire que je n'aurais fait de la politique en tant que femme que parce que j'étais malheureuse…

Non, ça ne veut pas dire ça. Ça veut dire qu'on poursuit parfois un but et qu'en chemin on trouve un but encore plus beau, qui correspond encore plus à ce qu'on veut profondément…

Laissez-moi poursuivre. Ça voudrait donc dire que les femmes sont si sentimentales que, dès qu'elles sont heureuses et comblées, elles laissent tout tomber…

Non, ça ne veut vraiment pas dire ça, mais libre à vous d'interpréter ainsi ma question…

Je crois que non. Je pourrais abandonner la politique si l'un de mes enfants était gravement malade, qu'il avait besoin de soins constants. Ça c'est certain. Je ne me poserais aucune question. Pour le reste, je me dois de continuer. Je veux bien qu'on m'explique que dix-sept millions de Français ont voté pour moi parce qu'ils voulaient faire barrage à Nicolas Sarkozy… Ça, c'est la thèse en vogue. Je n'abandonnerai pas parce que la plupart des gens qui ont voté pour moi y ont cru, profondément, et je veux encore porter cet espoir. Je le leur dois, vous comprenez, et je me le dois à moi-même. Ensuite, c'est aussi pour les femmes que je n'abandonnerai pas. Même si aux yeux de certaines je suis une femme fatale à mon propre camp, une sorcière ou une écervelée, je me moque de ces jugements. J'ai ouvert le chemin, et je veux continuer à ouvrir ce chemin. C'est essentiel pour le futur. Pas pour moi. Pour toutes les femmes, celles qui n'ont jamais voix au chapitre. Je me bats pour elles. Je souffre viscéralement, presque physiquement de voir les femmes humiliées, bafouées. Et au-delà, tous ceux, hommes et femmes, qui sont niés, blessés dans leur identité, leur intégrité. Abandonner en si bon chemin, je ne le pense pas. Quelle que soit la bonne raison, même si cette bonne raison existe. On peut tout englober dans la vie. Privé, public.

Mouvement perpétuel

Poitiers-La Rochelle, le 28 mai 2008

Aucun répit. Deux portables branchés sur l'allume-cigare du tableau de bord. Le numéro de jonglerie commence. Un texto rédigé dans la main droite. Le bip-bip familier qui signale les SMS ne cesse de sonner. Un téléphone à l'oreille pour écouter les messages vocaux. Parfois elle rappelle, parfois elle répond. Parfois elle se retourne. Blanka, sa chef de cabinet, se penche. Des parapheurs, des dizaines de pages à signer. Elle signe, s'arrête, demande si le maire de ce village peut comprendre la réponse, renonce, met la feuille de côté. Le téléphone sonne. Insiste. Elle décroche. Il faut régler un problème de section dans un canton. L'interlocuteur semble ronchon. Alors la voix se fait souriante… chantante. « Mais non, tu es essentiel là où tu es. Merci de ton appel, merci de tes efforts, je compte sur toi. C'est formidable, ton travail. À bientôt. »

L'art politique majeur, celui de créer l'addiction puis d'organiser le manque.

Un autre appel. Elle regarde l'écran de son téléphone, le sourcil se fronce, elle ne décroche pas, consulte ses textos, répond, éclate de rire. Ce SMS l'a mise de bonne humeur.

Écoute à nouveau ses messages. Cette fois, colère. Un directeur des services a oublié de verser l'aide aux marins pêcheurs en espèces. La tempête se lève. « Quand vous ne savez pas quoi faire, demandez-vous ce que j'aurais fait à votre place et faites-le, bon sang ! La patronne, c'est moi ! » Raccroche. Se plonge dans l'interview qu'elle doit corriger pour un grand quotidien. Feutre bleu, simple. Toujours les mêmes feutres. Bleus. Pendant la présidentielle, son entourage en avait toujours une poignée à portée de main. Qu'elle perdait immédiatement. Le téléphone sonne à nouveau. Elle demande une pause. Coup de fil privé. La voiture s'arrête. Tout le monde descend. À l'intérieur, elle sourit, fait de grands gestes. Un coup de fil heureux. La veille, dans le train, le même tourbillon. Et le défilé des gens qui viennent lui parler. En procession. Un peu intimidés comme cet astronome qui lui demande d'intervenir contre la pollution des ciels nocturnes due aux éclairages des autoroutes et aux néons de supermarché. Elle connaît le dossier. Le monsieur la remercie, lui donne un fascicule et s'en va. Un autre. Professeur de droit social, ultralibéral. Il est assis à côté d'elle. La félicite pour son courage et lui conseille de ne pas lâcher face « aux vieux cons ». Elle savoure. Remercie. Se replonge dans un discours qu'elle doit prononcer en fin de matinée au Futuroscope. Tiens. Une pause rêverie. Elle se racle la gorge et retourne à l'alignement de mots. Raturé, rayé. Réécrit à la marge. En bleu. Écriture déliée, équilibrée. Celle des « A » au cours élémentaire, des leçons de la très bonne élève que les très mauvais élèves recopient. Petit soupir. Le texte de départ ne lui plaît pas vraiment. Raye. Réécris. Regarde sa montre, demi-sourire, et replonge dans la page. Ça y est, la bonne phrase. Texto. Et coup de fil pressant. Sa fille Flora. Il faut s'occuper d'un séjour linguistique pour les vacances. La voix se fait plus douce. « Oui, ne t'inquiète pas. Promis. Je m'en occupe. Ne te stresse pas. Je m'en occupe, c'est promis. » Et retour au discours. Cette femme peut se contraindre jusqu'à l'épuisement. Grande capacité de concentration. Grande capacité de dispersion. Sa force pour mener la guerre de mouvement. Sa faiblesse pour mener les guerres de tranchées. Le temps. La gestion du temps. Élastique. Étirement et accélération au gré de ce qu'elle ressent, des priorités, des urgences qui changent. « Je m'adapte, mais je ne veux pas de pression. » Cette phrase, elle l'a répétée des centaines de fois et la répète encore. Un jour, je lui ai demandé, en colère, après avoir poireauté trois quarts d'heure : « Mais c'est quoi, au juste, votre problème avec le temps ? Pourquoi ces retards permanents ? C'est de la coquetterie, la détestation des contraintes ? C'est quoi au juste ? » Elle m'a fusillée d'un : « À vous de choisir ! » Une poignée de glaçons.

J'ai toujours été frappée de voir à quel point votre rapport au temps et votre rapport aux autres étaient complexes. Indéchiffrables. C'est une donnée essentielle de votre personnalité. L'incapacité à accepter la contrainte du temps et la contrainte des autres, de la présence des autres. Comme si, à un moment donné, tout vous pesait. La présence des gens, la rigidité d'un agenda.

Ma nature est protéiforme… comme tout le monde, non ?

Non ! il faut lire le mode d'emploi qui est fourni en morceaux éparpillés dans différentes boîtes et écrit en langue araméenne… En réalité, c'est très compliqué de vous cerner. On a le sentiment que tout n'est question que d'instants… qu'il faut tomber au bon moment. Ni trop tôt ni trop tard. Ça vous a joué des tours dans la campagne.

Ah bon ? Quand ?

À de multiples reprises. Notamment lors de la rocambolesque affaire du contrat pour les jeunes. Ça a duré une semaine. Impossible de vous faire dire la même chose d'une journée sur l'autre…

Là, c'est différent. Il y avait un manque de préparation et j'ai recadré, au fil des jours… mais c'est vrai que j'ai parfois donné, souvent même, ce sentiment de changement.

En réalité, je suis souple, je m'adapte. Mon tort est certainement de dire tout de suite, de parler directement. Ça donne toujours le sentiment que je réajuste. Mais à notre époque, comme je ne crois pas aux mots-valises, je ne crois pas non plus aux solutions « clé en main ». Je crois qu'il faut garder les principes et réajuster, en permanence, en fonction de ce qu'on comprend et qui évolue. J'insiste sur l'évolution…

Que l'on peut interpréter, de l'autre côté de la barrière, parfois comme une sorte de confusion.

C'est dur, ce que vous dites. (*Elle fronce les sourcils.*) Confusion, c'est très péjoratif. Moi, je regarde, je propose, et ensuite j'ajuste en fonction des premiers résultats. Encore une fois, je m'adapte et j'adapte. Mais ça peut donner effectivement le sentiment du changement de pied permanent. Ce n'est pas cela. C'est de la sagesse en fonction des situations.

Il y a chez vous un mélange de méfiance extrême et de candeur extrême... Je vous ai vue vous laisser aller à des confidences incroyables, devant des gens dont vous connaissiez à peine le nom. Des journalistes ou des élus. C'est étonnant, ce mélange de secret total et de confidence très directe. En fait, vous adorez provoquer, sonder, prendre la température, utiliser les journalistes, les élus, les passants comme autant de « prises de terre » qui vous indiquent l'humeur, la petite musique de l'actualité politique.

À quoi faites-vous allusions par exemple ?

Je me souviens d'un retour en avion de Montpellier où nous étions cinq journalistes, et vous aviez invité uniquement les filles « parce que c'est plus dur pour vous que pour les garçons, une campagne ». C'est ce que vous m'aviez dit au téléphone. C'était assez drôle comme argument, c'était même une attention très délicate. Surtout pour Marie-Bénédicte Allaire, de RTL, qui était enceinte. Mais c'est vrai que les garçons en question étaient plutôt colère.

Oui, je me souviens. Vous aviez toutes l'air épuisées, avec vos magnétos qui pèsent des tonnes, les caméras, les ordinateurs. Avec les contingences à mener aussi à la maison. Ce travail est très dur pour les filles, je trouve. Que je trouve d'ailleurs toutes très courageuses.

Les garçons le sont aussi mais ils sont simplement plus musclés ! En tout cas, lors de ce retour en avion, vous avez fait la tournée en nous posant à tour de rôle la question : « Qui voyez-vous comme meilleur Premier ministre ? » C'était étonnant et en rien différent des questions que Nicolas Sarkozy s'amuse à poser aux journalistes qui le suivent. Tout comme Chirac ou Mitterrand.

Ah bon, je ne me souviens pas…

C'était si inhabituel chez vous, ce type de question. Ce type de lien en fait avec les journalistes. Mais je crois bien avoir compris que vous n'étiez, sur ce point, en rien différente de Nicolas Sarkozy dont le grand jeu est de cuisiner les journalistes, l'air de rien ou carrément pour emmagasiner mille anecdotes, se tenir au courant de la vie des rédactions… Drôle de jeu mais très classique.

Je ne suis pas certaine que ce soit tout à fait pareil, mais vous avez une telle habitude des politiques que je suppose qu'on ne vous la fait plus depuis longtemps. Je me souviens de ce retour. C'était à la veille du week-end de Pâques. Quel cauchemar, ce déplacement. Montauban, Carmaux, les viticulteurs de l'Aude. C'était formidable en termes de mobilisation, de contact, de discours, mais c'était un très mauvais moment personnel, comme il y en a eu quelques-uns. Et je me souviens que j'avais été assez dure, pour ne pas dire plus, avec vous tous.

Ah, cette conférence de presse à Montauban ! Inoubliable. Mon camarade Thierry Masure de l'AFP et moi-même en avions pris plein la patate. Je ne veux pas jouer les victimes mais ce jour-là, c'était à la hache. On vous interrogeait sur ce contrat pour les jeunes. Parce qu'on ne comprenait rien, figurez-vous. Mais rien de rien !

Oui, je me souviens avoir été assez désagréable avec vous deux ! C'est vrai. Mais je me souviens surtout de l'espèce de sous-sol infâme dans lequel on vous avait parqués, tous, pour dîner après le meeting de Carmaux. Je dis bien parqués parce que c'était sordide. Ce sous-sol, avec des lucarnes, cette bouffe qui avait l'air abjecte, la mayonnaise blanchâtre dans laquelle baignait de la macédoine. J'ai une très mauvaise mémoire sauf pour les instants, les paroles ou les choses qui me frappent de plein fouet. J'étais revenue sur mes pas parce que j'allais rentrer à l'hôtel et je sentais bien le vent de révolte qui soufflait sur le Ségotour après la séquence de Montauban. Et j'ai été saisie, en descendant cet escalier. Saisie de honte. Je me disais que la campagne Royal n'avait pas fière allure. Je me souviens aussi des tables en formica et d'une lumière blanche. Là, j'ai eu un peu honte, c'est vrai. Et un peu de colère aussi. De toute façon, vous faisiez tous un peu la tête et vous aviez raison. Quelle soirée ! Là, je crois qu'il y avait tous les éléments de la défaillance de mon organisation. Mais je ne pouvais pas veiller à ça aussi. C'est vrai que pendant la campagne j'ai parfois eu le sentiment d'être général en chef, cheval, cantinière, épluche-patates et simple soldat. Un peu lassant. Je m'organiserai mieux la prochaine fois et il y aura des repas diététiques. J'ai appris qu'à l'UMP ils faisaient déjà ça, dès le début de la campagne...

Merci Sarko ! Ça aurait été bien utile pour nous les filles ! Les garçons éliminent plus facilement. Mais nous, on a ramassé tellement de kilos ! C'est fou comme une campagne abîme physiquement.

Oui, même les candidats. Moi aussi, je me suis empâtée. Mais dans le flot, pas le temps de penser au petit corps champêtre...

Quoi ?

Le petit corps champêtre. C'est ce que nous disait ma grand-mère quand on était petits. « Couvre-toi, il ne faut pas que le petit corps champêtre prenne froid. » C'est étrange comme reviennent les expressions entendues dans la plus tendre enfance.

Pour en revenir à cette utilisation quotidienne de toute personne qui passe à votre portée, les prises de terre…

À vous entendre, j'instrumentalise tout le monde ! Mais c'est faux. J'écoute, je pose des questions, je m'informe. Vous pensez que je joue, mais en réalité j'ai un profond respect des gens. Je suis comme Mitterrand là-dessus. Je vois parfaitement les gens, je vois leurs défauts, leurs limites, mais je respecte aussi ce qu'ils sont, leur qualité intrinsèque. Je ne suis ni une manipulatrice, ni une séductrice, ni une affabulatrice, ni une menteuse. Il m'arrive souvent de ne pas dire… mais ça n'est pas mentir…

Ah, pardon, vous avez oublié votre catéchisme : mensonge par omission…

(*Rires.*) En tout cas, je refuse qu'on m'enferme là-dedans. Mais comme les gens le savent, ils en profitent. Ils m'exploitent, ils créent du rapport de forces et au final, regardez bien, c'est toujours moi qui paye l'addition… en plus j'en suis consciente ! En réalité je suis très cool. Même avec ceux qui se comportent le plus mal avec moi. Vous n'imaginez pas ce qu'on vit à ce niveau de politique. J'ai reçu dernièrement d'un éminent socialiste un texto qui ne m'était pas destiné et qui parlait de moi en des termes assez étranges. Il parlait de moi en disant « le serpent ». C'est sympathique, non ? Que faire ? Dire que je l'ai reçu ? Me taire ? J'ai téléphoné. Pas de réponse. J'ai laissé un message sur le répondeur. Et pourtant je glisserai aussi là-dessus. La politique, ce n'est pas affaire de vexation ou de sentiments. Il faut savoir glisser, j'ai glissé…

Il y a un sens du sacrifice, chez vous ?

Oui, c'est profondément chrétien. Je me dis toujours : « Bon ben, allez ma fille, je cède là parce que ça me sera rendu au centuple. » J'y crois. À quoi bon de toute façon ? On me donne l'image d'une espèce d'acharnée du bocal, alors que je suis totalement l'inverse… y compris en ce qui concerne l'argent. Quand je pense aux procès d'intention qui m'ont été faits avec l'argent alors que c'est totalement l'inverse. Je n'ai aucun problème de radinerie. Tous les livres qui ont été écrits sur moi sur la question de l'argent, ça m'a beaucoup surprise. Parce que je n'ai pas du tout ce rapport à l'argent… Quand je vois les rapiats qui m'entourent…

Mais la manipulation fait partie intégrante de l'art politique, donc vous manipulez et c'est normal.

Vous le pensez vraiment ?

Oui, d'ailleurs ce livre est une forme de manipulation, d'instrumentalisation. Vous m'utilisez, je vous utilise, c'est assez classique, à dire vrai. Et c'est l'exercice qui veut ça. Ça n'a rien de dramatique !

Je ne crois pas manipuler les êtres. En revanche, j'aime par-dessus tout le secret. Je crois qu'on peut tout me dire. Je fonctionne aussi comme ça avec mes enfants et mes proches. Ils peuvent tout me dire, je ne rapporte jamais rien.

Est-ce que ça n'est pas un problème ? Vous ne vous livrez jamais à personne.

Non… rarement. Ou par petite phrase une fois tous les six mois. (*Rires.*) Je crois que c'est une question d'éducation. Austère. Dure. J'ai été éduquée dans le sacrifice, la sobriété : sobriété de tout, de mots, de sentiments, de gestes. C'est une force parce que être élevée dans un édredon, ça fragilise. On ne me demandait rien, je ne demandais rien.Ne pas confier mes états d'âme. Mes secrets de femme. C'est à moi. Point. Je ne suis pas à touche-touche, avec les gens. Il y a une distance avec les êtres. Je mets de la distance avec les êtres. Je ne suis pas intrusive, je respecte les gens comme ils sont, leur liberté, leur bulle, leur autonomie…

C'est aussi une forme d'égoïsme, non ?

Non, pas du tout. J'ai toujours peur de déranger les gens dans leur vie. Je ne veux pas les bousculer. Je mets de la distance physique. Et je ne fais pas de confidences. Je n'ai pas besoin de parler. De faire des confidences… ou alors très rarement. Je suis incapable de dire : « Aujourd'hui, ça ne va pas. » Je garde mes états d'âme. Je tiens les autres. Le chef, il tient les autres. J'aime la devise de la reine d'Angleterre, *Never explain, never complain !* Ça fait peut-être un peu vieux jeu mais ça me va comme comportement dans la vie. Personne ne m'a jamais plainte ni félicitée depuis l'enfance. Personne ne m'a félicitée pour les bonnes notes, parce la vie allait de soi dans une grande fratrie où l'on ne fait pas de différence entre les enfants. J'ai fait les choses de moi-même parce que voilà, j'aimais le travail scolaire. Une petite fille sérieuse qui rêvait beaucoup et protégeait ses rêves. Je ne peux pas dire mieux que ça. Je vivais comme dans une ville assiégée. Je me défendais de toute forme d'agression. C'est vrai que j'ai du mal à voir, à saisir que les gens ont besoin de cela. Les gens que j'aime, je les aime, mais c'est vrai que je le dis peu, je le montre peu… Je devrais le faire davantage.

Une vraie handicapée des sentiments ?

(*Rires…*) Peut-être, mais c'est moi ! Je n'ai plus envie de parler de ça. Je suis comme ça. Je me soigne. J'apprends à faire des pas mais ça n'est pas simple. Encore une fois c'est mon éducation. Je n'ai besoin de personne pour me dire d'avancer. La seule chose que mon père m'ait dite c'est : « T'es là pour faire ton devoir, t'es là pour avancer, pour être honnête. » Il y avait un côté « marche ou crève », mais ça m'a drôlement structurée. Je ne demande rien, je n'explique pas, je ne montre pas. Quand j'ai été reçue à l'Ena, j'ai été reçue à l'Ena. Point. Personne n'en a fait une montagne. Enfin, c'est vrai que ma mère m'attendait avec mon frère Gérard à la gare de Nancy avec une rose. Je leur ai dit : « Ben, qu'est-ce que vous faites là ? — Ben rien, il paraît que tu es reçue à l'Ena, alors on est venus te chercher et on t'a apporté une rose. » J'étais très surprise, touchée, mais voilà, ensuite, on est allés faire des commissions au supermarché, simplement, et la vie a continué. On ne se sautait pas au cou. C'est comme ça. Un peu froid peut-être, pas démonstratif, rien d'extraordinaire. C'est comme ça. C'est moi. Ça vous dérange ?

Non, chacun vit comme il sent. Pour moi c'est une énigme, mais je crois surtout que ça a créé beaucoup de malentendu dans l'équipe de campagne. Et avec des élus, non ? Chacun attendant un geste qui ne venait pas parce que vous ne voyiez pas pourquoi il fallait faire ce geste. J'ai le sentiment qu'on s'attache des amitiés fortes ou des ennemis puissants sur ce genre de détail. Le diable est dans les détails…

Ça, c'est votre phrase préférée, non ? Je vous ai entendue la prononcer dans vos papiers souvent…

Vous êtes vexée ?

Non, je réfléchis… au malentendu. Vous avez peut-être raison. C'est fait, c'est fait. Je suis balzacienne, je viens du siècle de Balzac, de l'univers de Balzac.

Vous êtes stendhalienne, plutôt.

Ah non, je ne suis pas stendhalienne ! Le romantisme me semble mièvre !

Ah bon, je vous voyais plutôt romantique.

Non, mais romanesque, oui ! J'adore les fuites, la nuit, le jour, j'adore les élans et puis le silence. J'adore cela, les sentiments forts, qu'on montre ou pas. J'aime cette façon de se comporter. La proximité des passions et la distance… provisoire des corps.

Ça ouvre tous les horizons…

Les horizons horizontaux…

(*Elle éclate de rire.*) Pourquoi faut-il toujours digresser avec vous, Françoise ? On ne peut jamais se concentrer, avec vous ? Vous cassez la mécanique de la pensée. On disait quoi déjà ? les horizons horizontaux ? Non, bien sûr, les spirales ! J'aime la vie en spirale ! Écrivez ça, les gens vont se demander ce que je peux bien vouloir dire ! Voyons donc... (*Rires.*)

Et en même temps, je ne m'inquiète plus de rien et surtout pas des commentaires fâcheux. Ce qui m'étonne agréablement, c'est quand j'ai droit à un papier normal. Genre « elle a fait ça, ce n'est ni bien ni mal, elle l'a fait, voilà ». La presse est frivole en fait. Elle brûle après avoir adoré, l'essentiel étant de ne pas bouger, de rester soi-même. La presse est infidèle et volage.

Pour le reste, je suis balzacienne. C'est violent, c'est rude, c'est le choc entre les siècles, les continents... Je suis très sentimentale, très jeune dans ma tête, j'ai la vie de l'enfance, les émerveillements de l'enfance. Mais je suis balzacienne... L'entrechoc permanent entre l'enfance et la dureté, l'âpreté de la vie, de mon éducation. Je viens du XIXe siècle. Les toilettes au fond du jardin, la messe le dimanche, les vêpres l'après-midi, les enfants qui ne parlent pas à table, les non-dits, les regrets de mon père. Les silences de mon père. La sévérité du père et la douceur maternelle qui compense ou essaie de compenser. Et mon désir absolu de justice, de combattre l'injustice, d'horizon, de grand large, de créativité, de nouveaux paysages, de bouillonnement. Je revendique ce paradoxe.

Encore une fois, je ne veux pas d'intrusion. Je ne veux pas qu'on sache ce que je fais, qui je vois, où je vais. Ça n'est pas parce que j'ai des choses à cacher. Non, c'est le respect de mon intimité. Ça a toujours été comme cela. Ça s'est évidemment amplifié, renforcé depuis quelques années.

Je suis une personne publique, je l'assume, j'assume les inconvénients qui vont avec… les paparazzi que je considère comme des voleurs de vie mais qui font leur métier. Je rapporte de l'argent aux journaux qui me shootent sur une plage avec ma fille ou dans une église à Florence. Je le sais, tout cela, mais au quotidien, dans ma vie de tous les jours, j'aime que tout soit cloisonné. Deux personnes connaissent mon agenda à l'avance, c'est Blanka, ma chef de cabinet, et Emmanuelle, mon assistante. C'est tout. Autant essayer de faire parler une tombe. C'est très sérieux. Je n'aime pas non plus qu'on me dise qu'on sait ce que je fais. Où j'étais, et avec qui. Je sais bien que ma vie prête à questionnement. Qui m'offre quoi, avec qui je vais au cinéma. Ça pourrait me flatter mais je vous assure que ma vie va très bien, qu'un jour je l'exposerai au grand jour. Mais honnêtement, j'apprécie peu qu'on me dise ou même qu'on me fasse comprendre qu'on sait ce que je fais. Je crois qu'à part Blanka et Emmanuelle personne ne le sait… Et encore!

Et pourtant, vous l'exposez, cette vie, quand vous le choisissez.

Tout est là. Quand je choisis de la montrer. J'ai le droit de choisir. Encore une fois, combien ont gagné les journaux qui, dans le même temps, me critiquent et publient des photos privées de moi? J'ai le droit de choisir mes instants, mes moments, mes photos. Et puis quoi encore!

Il est temps de se lever de table. Mais il faut galoper. Parce qu'elle détale déjà. Agenda bousculé. Direction La Rochelle où les pêcheurs l'attendent. Elle a fait verser des aides d'urgence, en espèces, pour que les familles puissent tenir une semaine. Dans la voiture, silence. La route défile. Chacun dans ses pensées.

À l'arrière, Blanka Scarbonchi, « la fille de la permanence » comme l'appelait Ségolène Royal pendant la campagne des régionales. La fille de la permanence, appelée en urgence le soir où elle a été élue, en 2004. Comme un général romain qui viendrait de conquérir une citadelle, la nouvelle présidente n'a pas laissé le temps aux vaincus de souffler. Investissant immédiatement les lieux avec sa nouvelle équipe. Voilà comment Blanka Scarbonchi s'est retrouvée au cœur de cette machine régionale que l'ex-candidate allait transformer en plate-forme d'envol pour la présidentielle. Mais à l'époque, personne ne s'en doute. Pas même elle. Sur l'échelle du gardien des secrets, elle occupe le dernier barreau. Et il suffit de passer une journée avec elle pour comprendre pourquoi elle occupe cette place enviée mais si astreignante auprès de Ségolène Royal. À la fois camériste, confidente, conseil, maman, nounou, grande sœur, petite sœur, punching-ball, elle parle peu et n'émet jamais le moindre commentaire désobligeant sur qui que ce soit. Omniprésente, elle parvient pourtant toujours à se faire oublier. Dans un coin mais jamais à distance. Éternellement sollicitée, pour un stylo, un horaire d'avion, un conseil vestimentaire ou une angoisse. Les deux femmes semblent alors dans une bulle. Royal parle, Scarbonchi écoute. Et tout finit dans des rires. Les secrets, elle les connaît presque tous. Lorsque Ségolène Royal disparaît, pour quelques jours de vie privée qui doivent échapper à la presse, aux paparazzi, à l'entourage même le plus proche, quelques jours aussi de repos, en Italie, dans une cabane en Bretagne, dans le sud de la France, dans les montagnes corses ou ailleurs. Une protection permanente, un souci permanent, un lien profond.

« Même si ça n'était pas évident », concède-t-elle un jour, entre deux portes.

Pas évident de concilier une vie de famille, trois enfants, un mari qui travaille lui aussi à Poitiers et l'engagement sans limite auprès de Ségolène Royal. Elle en est fière, mais sans arrogance. Son histoire lui a aussi montré à quel point l'arrogance est vaine. Femme des Balkans, pluriculturelle, hongroise et croate, sa famille a subi la guerre de Yougoslavie. Violences physiques et morales qui courent sur les générations. Elle en parle peu, y pense beaucoup et n'oublie jamais que la violence en politique peut tuer aussi sûrement qu'une balle de sniper. Se protéger des intrigants, la protéger des intrigants. Un bouclier humain et féminin.

La voiture se gare, sur le port de commerce de La Rochelle. Plusieurs chalutiers sont à quai. Les pêcheurs ont levé leur barrage la veille. « Elle est où, ma p'tite ? » lance un marin en short. « Elle est là, ta p'tite », lui répond sa femme qui ajoute devant les journalistes : « J'suis pas jalouse. On l'aime, notre Ségo. On l'aime tous. » La p'tite, c'est Ségolène Royal. Tout le monde s'embrasse comme du bon pain. « Content qu'tu sois là ! Au moins toi, tu viens ! » Réunion au premier étage avec le comité de pêche. Les enveloppes sont là, prêtes à être distribuées. À l'extérieur, quelques journalistes patientent au soleil. Prévenus sans l'être. Volonté de communiquer sans être accusée d'instrumentaliser, même si la limite n'est jamais chimiquement pure, loin s'en faut. À la sortie, elle répond aux questions, s'amuse et clôt les débats rapidement. Depuis quelque temps, Ségolène Royal fait à nouveau des efforts avec la presse.

Votre rapport à la presse est très étrange, contradictoire. Attraction, rejet...

S'il y a attraction, c'est donc que j'ai plein de charme!

Taratata... Voilà la séductrice... Ne bifurquez pas comme ça! Pour en revenir aux journalistes, vous pensez que nous sommes comme les vautours dans Lucky Luke ou comme des spectateurs qui regardent si l'acrobate va tomber du trapèze?

Il y a un peu de ça, quand même. Vous aimez raconter les histoires. Me voir triste ou observer tous les détails, tout passer au peigne fin. Mes bijoux, la façon aussi de m'habiller. Avez-vous déjà commencé un papier en écrivant par exemple: « Nicolas Sarkozy, vêtu d'un costume noir, arrive sur scène. »

Non, mais on parle de ses Ray-Ban! Plus sérieusement, le dress code avait un sens avec vous. La veste blanche, Marie-Ségolène, la pureté, la nouveauté. Il était normal de le signaler, non? Ça n'est pas à une bête de com comme vous qu'on va apprendre les ficelles du métier?

Peut-être la veste, mais les photos de mes chaussures dans *Libération*, ou les commentaires sur mes supposés talons aiguilles au Chili. Ce ne sont pas des talons aiguilles. Je n'aime pas porter des talons aiguilles. Et mes tenues, et les photographes planqués sous ma voiture, à Marseille, pour me prendre en contre-plongée? Auraient-ils fait ça avec un homme? Jamais. Parfois votre regard collectif me dérange vraiment. Je me sens scrutée, décortiquée, et surtout totalement à la merci de vos états d'âme et de vos humeurs. Si vous exercez un métier de chien, un métier très pénible avec des horaires insupportables et souvent des salaires très faibles par rapport à vos compétences, votre niveau de connaissance, dites-vous bien que ça n'est pas simple non plus pour nous de gérer des journalistes politiques.

Vous ne nous aimez vraiment pas… J'ai le sentiment que nous sommes vraiment la dernière race après les corbeaux. Vous avez cela en commun avec Nicolas Sarkozy et les hommes politiques en règle générale. Vous détestez la presse, mais vous l'aimez quand elle écrit de belles choses sur vous.

C'est votre fameuse obsession du narcissisme. Mais peut-être que vous êtes aussi narcissique que nous, non ?

Ça n'est pas faux… Sur vos rapports avec les journalistes politiques, quel est le problème réel ? La proximité permanente, la question piège ? Le sentiment de masse ?

Tout cela à la fois. C'est très agressif, la proximité journalistique. C'est pour ça que c'est dur… c'est une épreuve. Parce qu'on est décortiqué, on est objetisé. On devient objet. On est épié. J'en vois certains, je ne les citerai pas, je les vois physiquement en train de chercher le détail qui tue, la petite phrase. C'est pour ça que c'est dur, parce que je suis dans une relation professionnelle. Et quand je veux en sortir, c'est-à-dire parler librement avec vous tous, micros et caméras coupés, je vois que tout le monde prend quand même des notes et ça finit en dépêche. Je suis toujours sur mes gardes. Et l'histoire m'a prouvé que j'avais raison. Je n'ai toujours pas résolu ce problème. Je n'arrive pas à être moi-même. On est finalement pompé dans la relation politique-presse. Quand on fait une campagne, c'est épuisant, totalement épuisant. Il y a toute sorte de concentration à avoir. Avec la presse, c'est une chose, un meeting, c'est autre chose, le off qui suit encore autre chose, le temps libre dans les transports, une dernière chose. J'avais écrit qu'entre vous et moi, il existe un mur de verre incassable. C'est vrai. Nous nous observons de chaque côté de la vitre. Parfois, je dois bien avouer que j'aurais envie de me laisser aller, passer de l'autre côté de la vitre, parce qu'il y a des moments de réelle sympathie entre nous, surtout quand nous sommes en petit groupe. J'ai des souvenirs de retours de meeting, pendant les législatives, où c'était très détendu. Il y avait l'AFP, vous, Info, *Le Monde*, *Libé*, *Le Parisien*, TF1 aussi. Nous connaissons chacun nos traits de caractère et là j'ai le sentiment que le mur tombait un peu. Qu'on parvenait à se détendre quelques minutes. Mais vous devez faire vos papiers et je dois faire de la politique. Il y a dans ce rapport une proximité terrible et une distance tout aussi vertigineuse. C'est dur de trouver le bon réglage, les bonnes phrases, la bonne attitude. Il y a aussi les événements de la journée à gérer dans une campagne. La gare du Nord a été un exemple frappant. *A posteriori*, c'est l'un des tournants de cette campagne. Et j'ai mal pris le virage. Je n'avais aucun complexe à avoir sur la sécurité. J'ai réagi en décalé. Personne n'était en mesure de me dire clairement ce qui s'était passé. Personne n'était en mesure de me montrer les images. J'étais ballottée, en permanence dans une bagnole, un train, un avion, j'avais quasiment un an de primaire en plus dans les pattes, là où Nicolas Sarkozy était arrivé frais comme un gardon. Je n'ai pas eu le bon jugement assez vite. La prochaine fois, on s'y prendra autrement. En tout cas, c'est très lourd, une campagne. Et avec vous, les journalistes, j'ai eu le sentiment de me faire vampiriser.

Alors que nous avons toujours eu le sentiment qu'il fallait se battre, mendier en permanence pour obtenir quinze minutes de rencontre, souvent électrique. Le sentiment, en fait, que vous nous maltraitiez.

Le malentendu est permanent. C'est vrai.

Nul n'est prophète en son pays
Nul n'est prophète en son parti

Boston, février 2008 — Poitiers, juillet 2008

Philippe Aghion trottine à ses côtés. Un parapluie dans la main droite pour s'abriter et surtout l'abriter. Il neige. Les rues de Cambridge sont glissantes. Quelques mètres dans une ambiance potache. Direction la John Harvard's Tavern, le pub traditionnel des étudiants de Harvard. Une cave. Des tables et des chaises de saloon. Ici on brasse la bière et on sert du hamburger traditionnel. Steak, oignons, salade, frites. Le hamburger roots, dur comme de la semelle. « C'est bon ? » lui glisse Aghion. Une petite moue en guise de réponse suivi d'un : « J'aime beaucoup cet endroit. » Toujours la bonne éducation. Soulagée après son épreuve du feu. Deux heures de conférence et de questions-réponses en anglais devant les étudiants de la prestigieuse John Kennedy School. Tous surdiplômés, tous polyglottes, tous férus de politique et de relations internationales. « Après Villepin, c'est miss Royal qui fait le plus gros score, m'explique le responsable de l'Institut. Lionel Jospin a rassemblé péniblement 700 personnes. Quant à Nicolas Sarkozy, il n'a jamais accepté de venir. Elle, elle a dit OK. » Et la voilà discourant en anglais sur les dangers du capitalisme sauvage, sur la nécessité d'une gauche réformiste, clairvoyante, régulant les désordres du monde, la voilà l'ignare de service applaudie debout par 1 200 étudiants facétieux qui l'ont interrogée en feu roulant sur tout, du problème des Tamouls au développement de l'Afrique, de la laïcité à l'enseignement supérieur, de la politique étrangère française au microcrédit. Tendue au début, hilare à la fin. À Paris, Ségolène Royal est déjà renvoyée au rang d'un accident de l'histoire, une sortie de route, dira Lionel Jospin, qui s'y connaît, il est vrai, en déraillement de train socialiste. À Boston, elle est le leader incontesté de la gauche française. Nul n'est prophète en son pays, surtout pas elle.

Retour à la taverne de John Harvard. Philippe Aghion lève sa chope de bière. Salue la délégation et « Ségolène qui m'a redonné goût à la politique ». Tout est dit. Le professeur de Harvard, économiste nobélisable, mélange de gentillesse et de rouerie, d'hyperactivisme et de simplicité, s'est imposé depuis quelques mois au centre de la nouvelle organisation Royal. Comment est-ce arrivé ? Un jour de juin, il est revenu quand tous les autres s'en allaient. Comme le producteur Dominique Besnehard, comme le banquier Mathieu Pigasse, « Gracque » repenti qui après avoir poignardé en pleine campagne est revenu l'encourager dans la défaite. Avec eux, elle a accepté des contraintes qu'elle n'a probablement jamais consenties auparavant. Reprendre ses carnets, travailler ses faiblesses. Se plier à une discipline, à de longues heures d'explications souvent ardues. L'économie, la régulation des marchés, la circulation de l'argent. Combien de rendez-vous pris et annulés au dernier moment ? Combien d'agendas bousculés, « glissants », préfèrent dire pudiquement ses équipiers. Combien de visiteurs reportés *sine die* ? Mais eux, jamais. Jamais de légèreté avec « ses économistes » comme elle les appelle, ce groupe des vingt. Les meilleurs y côtoient... les meilleurs. Philippe Aghion, Thomas Piketty ou Thomas Philippon. Pour en finir avec la cruchitude.

Ce soir de juillet dans l'hôtel de Région de Poitiers, elle repense au voyage de Boston. Un voyage qui a commencé à lui redonner confiance en elle. Harvard, le MIT, les rencontres avec Susan Berger et Amartya Sen, le prix Nobel indien d'économie. « Aghion m'a fait un cadeau formidable. Je ne suis même pas sûre qu'il sache à quel point ce voyage était vital pour moi. » Calée dans un fauteuil. Appartement de fonction spacieux à la Région. Elle n'a pas touché à la décoration depuis qu'elle a succédé dans ces murs à Élizabeth Morin, l'alliée-amie de Jean-Pierre Raffarin. Assez impersonnel. Un appartement-gare, où l'on passe sans vraiment s'attarder. Les fenêtres sont ouvertes. Il fait chaud. La petite cour intérieure est calme, arborée. En se penchant à la fenêtre, on aperçoit les toits de Poitiers. Deux jours auparavant, elle a créé une polémique noire en accusant les barbouzes supposés de Nicolas Sarkozy d'avoir mis à sac son appartement. Deux jours de tempête, deux jours à barrer par gros temps. Ségolène Royal fixe son verre de vin. Fin de journée. Un vin rouge, des tranches de saucisson. Elle aime bien manger et bien boire. Aux antipodes des clichés de l'ascète Royal. Il faut la voir dévorer comme un seul homme la tête de veau de la foire des Hérolles pour comprendre à quel point cette femme porte tous les masques. Bourgeoise prude mais flibustière, voire bandit de grand chemin arpentant le Marais poitevin avec ses bottes en cuir épais. Étrange alliage.

Alors que la polémique se calme à Paris, elle travaille déjà sur son texte de congrès. Interrompue par sa messagerie de portable qui la rappelle. Elle écoute, éclate de rire. « C'est Bruno Gaccio. Qu'il est intelligent ! » Besnehard, Gaccio, Benabar, Cali et les autres. Une petite bande qui fait airbag et ne lui lâche pas la main dans cette traversée du désert. Depuis sa défaite, elle ne vit quasiment qu'avec eux. Une cour moderne autour de cette femme qui embellit au fil des mois, se détend et utilise désormais son pouvoir de séduction, même si elle s'en défend. Au milieu d'eux, elle ne se laisse pas ou si peu aller à ses travers. Elle ne donne que le meilleur d'elle-même, n'offre que son plus beau visage. Mais il y a aussi Ariane Mnouchkine, qui en quelques mois a réussi à gagner la confiance de l'ex-candidate. Les deux femmes ont forgé un lien privilégié, entre convictions, culture et émotions.

Besnehard organise des dîners auxquels elle ne songerait même pas à arriver en retard, elle qui peut imposer jusqu'à une heure et demie d'attente à ses visiteurs. Étonnants dîners où l'on croise Laurent Solly, l'ancien chef de cabinet de Nicolas Sarkozy, ou Claude Chirac. Encore plus secret, le lien avec Mathieu Pigasse. L'enfant chéri de la banque Lazard a lui aussi ouvert son carnet d'adresses, l'un des plus beaux en Europe. Il a été l'un des visiteurs du soir les plus discrets, régulièrement invité aux dîners avec les économistes. L'une des rares personnes à avoir dialogué quotidiennement avec Ségolène Royal à l'été 2007, l'été le plus noir de sa vie. Un lien de fascination mutuelle. Aujourd'hui, si Ségolène Royal s'est un peu éloignée de Mathieu Pigasse, elle garde le lien, car l'expertise internationale de ce brillant esprit l'intéresse. Il y a enfin les relations privilégiées, notamment celles qu'elle entretient avec François Pineau, le milliardaire chiraquien.

Cette sphère privée échappe totalement aux regards des journalistes et aux yeux de son entourage. Parfois, les cercles se croisent mais Ségolène Royal cloisonne tout. Et s'échappe d'univers à univers. Quand la routine semble s'installer, quand tout l'étouffe, il lui faut se replonger dans les choses simples de la vie. Fidèle et volage, elle ouvre ses tiroirs secrets, dans un ordre qu'elle seule connaît. Par protection et par jeu. Avec eux, en tout cas, elle semble totalement en confiance. Peut-être parce qu'il n'y a pas d'enjeu de pouvoir. Seulement un enjeu d'amitié, d'admiration et une douce ambiguïté qui met du sel dans l'existence.

Le téléphone sonne à nouveau. Cette fois, c'est Dominique Bouissou, son attachée de presse, qui passe en revue les dépêches depuis Paris. Elle résume la veille Internet. Un réseau de bénévoles de Désirs d'avenir qui épluchent la toile 24 heures sur 24. Tout y passe. Politique, économie, UMP, PS. Un groupe en liaison directe permanente avec le cabinet et l'ex-candidate. Ségolène Royal écoute, son visage se rembrunit avant d'éclater de rire. C'est aussi l'art de l'attaché de presse : savoir détendre le boss ou la patronne. À ce jeu, Dominique Bouissou excelle. Une gueule et un look de rockeuse, une gouaille made in Bastille et, qualité rare, un véritable respect des journalistes qui le lui rendent bien. En un an, elle a réussi à retisser des liens totalement distendus, parfois même hystérisés avec la presse. Bouissou l'acrobate qui navigue entre les humeurs de la patronne, les contraintes médiatiques et l'entourage politique, à la fois arrogant mais assez régulièrement pendu à ses conseils. Distanciée, aussi, pour survivre dans un milieu généralement toxique et totalement passionnel dans ses rapports avec la dame. Chacun pourrait tenir un rôle digne de la Cour de France. La camériste, le chambellan, les favoris, les éminences grises, les saltimbanques et le cardinal. Chacun se reconnaîtra dans ce tableau parfois amusant, parfois crispant, parfois pervers qu'il faut observer… de loin. Même si là encore elle s'en défend, Ségolène Royal aime s'entourer de cette cour qui la rassure et qu'elle peut fuir autant qu'elle le veut, quand elle le veut, comme elle le veut. La reine prend congé mais la cour attend patiemment son retour. Et si d'aventure l'un d'eux s'éloigne, blessé ou vexé de ne pas avoir été regardé, consulté ou salué depuis trop longtemps, la cour le ramène toujours dans le droit chemin. Celui d'une dévotion sans faille à Ségolène Royal. Il y a du Mitterrand dans ce fonctionnement. Comme il y a du Nicolas Sarkozy. Au fond, les siècles passent mais rien n'a changé depuis Cléopâtre. Seule la brutalité des événements parvient parfois à perturber en surface ces liens étranges, à la fois profonds et parfaitement superficiels. Chacun pour soi et tous pour elle. Mise à sac, Sarkozy, congrès du PS, vie privée compliquée et planquée. Chamboule tout.

Je sais que vous avez horreur de la réduction de la pensée mais si vous deviez définir en une phrase ce que le socialisme du XXIe siècle doit combattre, ce serait quoi ? Le libéralisme ? La mondialisation ? Les inégalités ? Tout cela tombe sous le sens de mon point de vue. Quel est, selon vous, le plus grand adversaire de la gauche aujourd'hui ?

Sans hésiter une minute : le conformisme de la pensée ! Quand Nathalie Sarraute écrit que la tolérance est une camisole, c'est détonant, non ? Le problème, c'est de ne pas remettre en cause les idées des autres. Mais si, il faut remettre en cause les idées qui nous paraissent trop faciles, trop simplistes, et remettre en cause aussi ses propres idées. C'est original, cette déclaration de Sarraute. C'est très profond. Regardez aujourd'hui à quel point le discours politique s'est asséché. Totalement asséché. C'est important de revenir à la littérature, au théâtre, à la philosophie. Là, je relis Camus. J'aime cet humanisme absolu. Ce non-jugement. Ce respect de l'autre. Tout cela tranche avec la bêtise, la brutalité, le discours fruste, rustique de la politique. Je prends un exemple : le discours sur le « non » irlandais au traité de Lisbonne. Les mots de Kouchner étaient honteux, scandaleux. De la pure arrogance française. La diplomatie à la papa. Et en plus, il est socialiste, tout le monde le sait ! C'est assez détestable, ce type de comportement, de coups de menton, cette façon de faire la leçon au monde entier. En gros, avec ce que l'Europe leur avait donné, leur non n'était pas acceptable. C'est quand même fou ! Un vote est un vote ! Quand le « non » est passé en France, en 2005, je n'étais évidemment pas d'accord. J'ai fait campagne pour le « oui ». Mais quand le « non » est passé, je ne me suis pas arc-boutée en disant : « Ce n'est pas acceptable ! » Bien sûr que c'est acceptable puisque c'est le vote du peuple ! On ne va pas dissoudre le peuple, en plus ! Vraiment, je crois qu'il y a aussi un déficit profond et de pédagogie et de compréhension des opinions publiques.

À ce propos, tout le monde m'accuse de naviguer en fonction des sondages. Mais ce sont des outils pour sentir un pays. Je ne peux pas m'adresser à des millions de gens et les écouter, mais c'est important de lire les observatoires de l'opinion pour comprendre quelles sont les préoccupations. C'est un outil, le sondage. Il faut travailler avec, l'utiliser sans être utilisé par lui. Et on ne peut pas s'asseoir, même par amertume, sur le vote d'un peuple. Voilà l'un des exemples de conformisme de la pensée. Ne jamais se remettre en question. Mais il y a surtout ce repli sur des thèmes rebattus. La réduction de l'être humain à rien… un toit, un emploi, le pouvoir d'achat. Je suis tranquille là-dessus. J'ai été la première à évoquer le pouvoir d'achat, la vie chère, à demander de réviser l'indice INSEE. C'était pendant la primaire socialiste, en 2006. Je me souviens des sourires ironiques des caciques socialistes, moquant mon expression « la vie chère »... Finalement, ils n'ont plus eu que ce mot à la bouche pendant des mois pour gagner les municipales. Je suis ravie d'avoir été le pôle de convergence. Mais ce que je constate sur le terrain, dans mes rencontres avec les gens, c'est que même ceux qui souffrent du pouvoir d'achat disent aussi : « Y en a marre de ne parler que de ça, du pouvoir d'achat, y a quand même autre chose que le pouvoir d'achat. On veut autre chose, la politique, c'est autre chose. »

Donc il y a aujourd'hui une espèce de basisme de la politique qui touche uniquement à la vie quotidienne et qui nous dévore le moral et l'espoir. C'est vrai. Je crois qu'on doit articuler les deux... la vie quotidienne et la transcendance, l'espoir, l'épanouissement. C'est ça, la politique. Il faut tenir les deux bouts. Je suis lassée du conformisme de la pensée. De ces mots-valises que la gauche utilise en permanence. Plutôt que d'être audacieux, d'aller au réel, de mettre en place une économie efficace au service des citoyens, d'avoir un socialisme des yeux ouverts, qui régule, protège mais encourage aussi les entreprises, l'innovation, la recherche.

Quand je vois comment le Japon est parvenu, en dix ans, à remonter après l'explosion de la bulle financière qui avait dévasté l'économie du pays, je me dis que nous sommes vraiment petits bras. Les Japonais ont tout misé sur l'innovation et la recherche. C'est le chemin, il n'y en a pas d'autre possible. Innovation aussi dans l'économie durable. J'en ai assez qu'on se cache derrière notre petit doigt. Nicolas Sarkozy a gagné aussi sur son « travailler plus pour gagner plus », en gros faire croire aux pauvres qu'ils peuvent un jour devenir riches. Moi, j'ai réhabilité la valeur travail dès avril 2006, pendant la primaire, c'était lors d'un meeting dans le Pas-de-Calais. J'ai reçu des tombereaux d'injures ! « Mais comment, sacrilège, ça n'est pas socialiste, ça... la valeur travail ! » Eh bien si, justement, et Sarko nous l'a piqué. *Idem* pour la sécurité, l'encadrement militaire, le besoin du retour à la règle, le besoin de revenir à l'identité nationale, à la nation, de ne pas laisser cela à nos adversaires idéologiques. Tout cela, c'était déjà ma campagne de la primaire. Ça fait un peu « Je l'ai dit en prems ! », je suis désolée mais c'est vrai. Je n'en fais pas un argument politique mais c'est la stricte vérité. D'ailleurs, tous ceux qui ont suivi la primaire depuis le début, dont vous, le savent parfaitement.

Oui, je me souviens très bien de ce jour dans le Pas-de-Calais. J'étais venue par curiosité faire un tour sur ce déplacement avec mon cher compère du Figaro, *Nicolas Barotte. Nous avons été relativement « séchés » lorsque nous avons entendu vos propos sur la valeur travail et la valeur de l'idée de nation. Dans cette salle composée essentiellement d'ouvriers, vous avez été applaudie à tout rompre. Nous sentions bien que quelque chose nous échappait dans cette primaire et surtout dans ce parti. Je confirme donc, même si ça n'était pas aussi tranchant que le « travailler plus pour gagner plus ». C'est d'ailleurs étonnant que vous n'ayez pas accentué ces thèmes dans votre campagne présidentielle...*

C'est juste. Je ne renie rien, au contraire j'enfonce le clou. Voilà ce que nous devons faire. Faire sauter nos œillères et tous les tabous. Tout en cherchant à impulser ces valeurs qui sont justement la fonction historique, j'ai presque envie de dire sacrée, de la gauche. La république, la liberté, l'égalité, la fraternité.

On a bien senti dans votre campagne que vous avez tenté d'articuler les deux, mais vous n'avez pas été au bout. Au final, cela manquait de cohérence…

C'est vrai, j'ai essayé. Il y a eu des maladresses de langage, peut-être. Ce qui est certain, c'est que Sarkozy l'a compris aussi. Il a gâché le sujet, il a eu des stratèges qui ont repéré ça aux États-Unis et dans la société française, et il est parti dans le New Age, facile, carré, qu'on peut digérer facilement. Je l'ai tout de suite senti quand il a sorti son bouquin avec le prêtre… alors que c'est tout le contraire d'un être chez qui la vie intérieure prime. On sentait que c'était du fabriqué… Ensuite, il y a eu le mont Saint-Michel escaladé fébrilement pendant la campagne, les discours parareligieux, très formatés, très précis, ses promesses de retraite dans un monastère, en l'occurrence le yacht de Bolloré à Malte (*rires*). Ah, il nous a bien eus !

Mais vous n'avez pas su contrer tactiquement, vous avez eu de la maladresse, vous avez prêté le flanc à toutes les caricatures.

Oui, parce que j'ai fait et j'ai dit comme je l'ai senti. Je ne veux pas instrumentaliser le fait religieux. Il faut être subtil, respectueux en la matière. Il ne faut pas être dans l'approximation. Mais il y a un besoin de transcendance chez chacun, personne ne peut vivre sans spiritualité…

Ça résonne chez vous, ce désir d'absolu ? On a le sentiment que vous pendulez toujours entre le très concret, qui frise parfois le panier de la ménagère, et le désir, peut-être un peu naïf, presque adolescent, de vouloir changer la vie comme on pouvait en rêver à Woodstock en 68.

Figurez-vous que j'aurais adoré être à Woodstock ! En mai 68, les usines de ma région étaient fermées, j'avais quinze ans et on allait au lycée à vélo parce qu'il n'y avait plus de bus, plus d'essence. C'était incroyable mai 68 vu des Vosges, de Chamagne. On regardait les informations à la télé, on écoutait la radio. On découvrait Paris et ses pavés. Il y avait un côté totalement décalé mais assez festif. Ça bougeait.

Pour en revenir à votre question, oui, j'ai soif d'absolu. C'est vrai. C'est ma vie qui est faite ainsi, ma personnalité. J'ai besoin de cela, de rester silencieuse, de réfléchir, de prendre de la distance avec les choses, les situations. J'ai toujours été comme ça. Dans le silence et la réflexion, la méditation. J'en ai un besoin vital. Si je prie, ça ne regarde que moi. C'est intime. Nous avons tous nos formes de prière. Espérer que son enfant sera en bonne santé, qu'on va résoudre les conflits, avancer des projets, tout cela, c'est aussi une prière, non ?

Oui, c'est parfaitement exact.

Donc tout ça ne regarde que moi. Je n'aime pas me faire prendre en photo en train de me recueillir dans une église à Florence. Je n'en ai absolument pas honte. Mais c'est à moi, ça m'appartient, c'est une des parts les plus intimes de moi. C'est aussi violent que si l'on me prenait en photo dans un moment intime. Je suis aussi une femme politique. La question est simple : comment créer l'espoir, faire vibrer ensemble un pays sur les mêmes objectifs, en respectant les individualités, sans être intrusif, sans y mêler le fait religieux. Le discours politique ne peut pas se mêler de tout... de la résolution des problèmes de la cité jusqu'au problème de la conscience. Sinon, au final, ça devient un discours totalitaire. Je ne veux pas outrepasser ma mission, ou plutôt ma fonction. Mais en même temps, si on ne transgresse pas, on a un discours totalement desséché, déconnecté... Regardez aujourd'hui. Nicolas Sarkozy a manipulé l'opinion en créant un espoir mâtiné de spiritualité, regardez le résultat. L'essence de la politique, c'est d'unir, de rassembler, d'harmoniser la vie de ses concitoyens, pas de fracturer, de casser, de diviser. Il a tout fragmenté, désossé, désuni.

Et votre camp, vous le trouvez clair sur ces questions ? Vous avez tous pataugé sur la laïcité, le voile, vous-même vous avez changé de pied là-dessus. Vous me l'avez même dit en sortant d'un débat sur France Inter, lors du « Téléphone sonne », avec Chahdortt Djavann, qui est parfaitement remarquable sur ces questions. Sur tout d'ailleurs. Elle vous a fait changer d'avis. On sent que les références bibliques que vous utilisez régulièrement, parfois même par provocation, sont mal passées, dans ce parti où les bouffeurs de curé sont légion.

D'abord, je vous arrête tout de suite. Ce n'est pas par provocation. Il y a dans les textes religieux des vérités immuables. Décortiquons « Aimez-vous les uns les autres ». Qu'y a-t-il de criminel dans cette phrase, de ridicule ? Expliquez-moi. La réponse est : « Rien. » C'est juste un idéal de vie. S'aimer un peu mieux les uns et les autres. Quand, au Québec, en septembre 2007, je réponds au livre scandaleux de Jospin en disant : « Pardonnez-leur car ils ne savent pas ce qu'ils font », c'est à la fois ironique parce qu'il sait très bien ce qu'il fait, mais c'est aussi très vrai. Souvent, on se comporte très mal avec les autres sans savoir ce que l'on fait. Le pardon est un sentiment puissant, qui exige de celui qui pardonne de dépasser tout un tas de sentiments : la colère, la rancune et même l'orgueil blessé. Vous ne croyez pas que j'ai eu ma dose d'orgueil, de fierté blessée ? Je m'entraîne. Et je ne comprends pas pourquoi ces déclarations, hormis qu'elles viennent d'une éminente socialiste, provoquent ce genre de délire.

Moi, je suis socialiste mais j'ai envie que toute personne qui croit à l'idéal socialiste mais qui croit aussi en Dieu ou en Bouddha, que toute personne qui croit, se sente bien dans ce parti. C'est quand même un comble, non, de penser que les deux sont inextricablement séparés, à jamais. Qu'un jeune musulman, un jeune juif, un jeune chrétien, un bouddhiste, qu'ils puissent adhérer au PS pour les idées. Qu'ils viennent ! Je n'ai pas envie que les gens se sentent insultés. Je ne veux pas généraliser mais c'est vrai que je ressens une grande imperméabilité à ces questions chez certains de mes camarades. Je perçois parfois une vision absolument glaciale et une idéologie laïque mal comprise, mal digérée, qui avec son sectarisme coupe les sarments, les branches de vie, comme avec un sécateur. On coupe ce qui peut se déployer. Mais de toute façon, le fait religieux demande beaucoup de délicatesse, d'humanité. Il y a toujours cette limite difficile à définir entre le politique et l'instrumentalisation d'un événement tragique, douloureux. Le fil est ténu. Ce sont des sujets si profonds, qui touchent à ce que les êtres humains ont de plus précieux. Leur conscience, leur croyance ou leur athéisme d'ailleurs. Comment dire sans piétiner, sans instrumentaliser ? C'est très compliqué. D'ailleurs, vous-même, vous respectez la religion ?

Non seulement je respecte toutes les religions mais je ne crois pas qu'on puisse comprendre le monde si l'on ne comprend pas les religions. Le fait religieux est pour moi capital. J'apprécie aussi beaucoup dans votre parti des gens qui respectent cela. Je pense notamment à Henri Emmanuelli ou à Jean-Marie Le Guen, qui ont un respect et une connaissance profonde des religions. D'ailleurs, je crois qu'à l'instar de la religion, qui doit placer au cœur de toute chose la bienveillance, la politique devrait faire de la véritable bienveillance l'axe fondamental. Et je crois que nous en sommes loin, à gauche comme à droite.

C'est vrai, mais là encore, c'est quoi la véritable bienveillance lorsqu'on exerce la fonction politique ? C'est une question qu'il faut sans cesse se poser. Est-ce faire le bonheur des gens malgré eux ? Promettre sans jamais pouvoir tenir ? Non, je crois que la véritable bienveillance politique, c'est vraiment de dire la vérité et de dialoguer ensemble pour trouver les meilleures solutions. De faire de la pédagogie, d'expliquer sans relâche ce qui se passe, ce qu'on va faire et pourquoi on va le faire comme ci et pas comme ça. Les Français ne sont pas des idiots ! On s'est moqué de ma démocratie participative, que Barack Obama a largement utilisée, ce qu'il continue à faire, et là personne ne dit rien, au contraire. Mais je crois qu'il n'existe pas, dans un monde aussi complexe et angoissant que celui où nous vivons, il n'existe pas de meilleur outil pour travailler ensemble, main dans la main, avec les citoyens, les respecter afin qu'ils respectent en retour. On s'est moqué de moi, on a crié aussi à la démagogie mais je suis extrêmement sincère. Je crois profondément à la démocratie participative, la démocratie sociale et surtout le dialogue, et encore le dialogue. C'est cela, la vraie bienveillance, mais la frontière est mince, toujours difficile à discerner entre ce que l'on pense juste et ce qui, finalement, ne le sera pas. Il faut toujours réfléchir, réajuster, se recadrer soi-même.

Et recadrer les autres ? C'est l'une de vos spécialités, non ?

Oui, c'est vrai que j'ai cette réputation. Je suis sévère mais j'essaie d'être juste. Je ne supporte pas les erreurs évitables... J'en commets aussi... C'est vrai, je suis parfois pète-sec... mais je suis perfectionniste. C'est une question d'éducation et de nature. Et j'essaie de maintenir une équipe unie, solide, qui est également autonome, qui peut agir sans moi, qui peut prendre des décisions sans avoir à en référer tout le temps. J'essaie de créer ce type d'équipe, idéale. Quand vous voyez les cadres qui travaillent avec moi, qui vont au congrès avec moi, je trouve que j'ai un formidable gouvernement. Bien plus efficace que celui de Fillon et Sarkozy... mélange de terrain, d'expérience et de créativité... J'aime cette équipe.

C'est pour ça que vous les faites se rencontrer souvent, que vous allez au concert ensemble, ou que vous passez comme cet été plusieurs jours ensemble, à faire du bateau, nager et travailler ? Ça fait un peu colo, non ?

Ah, ça y est, tout de suite ! La colo avec maman !

Mais si, je vous assure. Je me souviens de cette visite de la Maison vénitienne à Boston. C'était la fin du voyage. Mon jeune ami d'Europe 1 Karim Rissouli et moi avons visité cette maison avec vous. C'était très drôle de vous suivre et surtout de vous voir lire, au début de la visite, le dépliant. Nous étions tous en cercle autour de vous, votre officier de sécurité, votre fils Thomas, Karim et moi, et nous écoutions religieusement avec le sentiment qu'on n'avait pas vraiment le choix !

Vous me faites rire, Françoise. On ne va pas raconter ça dans le livre, si ?

Bien sûr que si, madame Royal. Ce sont des scènes fréquentes de campagne avec vous. Tous les journalistes en ont connu. Faut-il que je vous rappelle le dernier meeting des législatives où nous étions une quinzaine de journalistes et vous nous avez tous entraînés au McDonald d'Amiens sous le regard éberlué des clients qui ont commencé à se bousculer pour vous faire signer des autographes ! C'était surréaliste.

Ah oui, je m'en souviens. Vincent Peillon, sérieux comme un pape et qui, dans son costume, nous faisait passer les Big Mac et les frites ! Que c'était drôle. C'est un très bon souvenir dans une période fort désagréable ! Pour en revenir à l'idée de colo que vous avez l'air de détester…

Je déteste effectivement…

Non, c'est important de créer des liens, d'essayer de se comprendre sur autre chose que des discours, des organisations de meeting ou des préparations d'interview. Très important de rigoler ensemble. Pendant une longue période qui a suivi la défaite, on ne rigolait plus ensemble. Et puis c'est revenu. Rire d'une bêtise, s'enthousiasmer parce qu'on écoute ensemble un concert des Rita Mitsouko aux Francofolies de La Rochelle, ça vaut tous les séminaires d'entreprise du monde, vous ne croyez pas ?

Si vous le dites… Je goûte assez peu les groupes… mais en même temps je ne suis pas candidate à la présidentielle ! Pour en revenir au rôle de la politique, on a le sentiment, quand on vous écoute, que tout est pur, beau, dénué d'arrière-pensée, on ressent une véritable sincérité mais on se dit aussi qu'à l'instar de Nicolas Sarkozy, vous êtes une enfant de la télé, une spécialiste des coups médiatiques et de la guerre de mouvement. Cette boulimie de com et de médias, vous l'admettez ?

Ça n'est pas de la boulimie. C'est le mode de communication actuel. Je ne vais pas utiliser des silex pour faire du feu. J'utilise un briquet…

Ah, la jolie rhétorique…

Non, c'est vrai, les médias sont essentiels. Ils ont en partie fait gagner Sarkozy l'an dernier. Mais je ne fais aucune concession à cela. Quant à la communication, je suis ma meilleure conseillère. Pendant la campagne, on m'a imposé une agence, Devarrieux, payante, que je ne connaissais pas, alors que j'avais trouvé toute seule les meilleurs slogans, « Désirs d'avenir », « Avec vous tout devient possible ». Cette phrase que Nicolas Sarkozy m'a volée et avec laquelle j'ouvrais tous les meetings de la précampagne en 2006. Mais surtout j'avais l'excellente campagne des jeunes, la Ségosphère, que pilotait mon fils Thomas, avec ses slogans, « Impose-toi dans le débat », et ses bracelets, ses autocollants mauves, que je retrouve encore aujourd'hui dans les salles militantes quand je me déplace. Tout était déjà là avec mes petits moyens artisanaux, mais un petit budget de campagne, ça attire les convoitises, les fraudeurs, les fausses valeurs. Bref, le résultat n'était pas bon. La photo de premier tour était lugubre, elle ne reflétait en aucun cas la vie de cette campagne, ce que je vivais avec les gens sur le terrain. J'ai beaucoup regretté d'avoir cédé sur cette photo. Statique alors que les précédentes étaient en mouvement, en couleurs, plus simples, plus naturelles. Celle-là avait un côté un peu figé, qui ne convenait pas. Tant pis. C'est une bonne leçon pour la prochaine fois. Faire confiance à mes seules intuitions en la matière. Tester à la base ce qui dure.

Ça fait bien des années maintenant que je suis votre périple. Comment expliquez-vous que vous génériez toujours ça, des polémiques interminables… que ce soit avec le parti socialiste ou la droite, que ce soit avec les deux d'ailleurs… ce genre de réactions extrêmement violentes, cette colère à la hauteur de l'adhésion des gens qu'on a pu voir dans la campagne ?

Parce que les gens sentent que j'ai un potentiel. Que ce que je dis a de l'impact. Parce que je suis sincère. Je ne suis pas dans l'habillage, pas dans les circonvolutions. Mais quand je dis quelque chose, c'est cash. Et comme je parle sans détour, j'ai la force que confère l'authenticité. Je ne suis pas clivante, contrairement à ce que vous pensez tous. Je suis innovante. Ça n'est pas du tout pareil. J'ai parfois dix trains d'avance et les autres galopent derrière. Ça crée de la réaction chimique, de la colère, de la panique aussi. Et c'est direct. Ça touche direct…

Et le boomerang est direct…

Mais je m'en moque ! Je ne veux pas être ballottée. Je ne suis pas là pour calmer le jeu. Regardez depuis combien d'années l'opposition calme le jeu. Regardez le résultat. Je n'ai pas peur du scandale, je n'ai pas peur de la polémique, je n'ai pas peur du combat. Je ne suis pas inquiète. Je fonctionne comme ça. Ce pays crève des non-dits, du manque de courage, de la duplicité, de la manipulation. Je parle librement, j'exprime librement mes idées, mes convictions et ce que je crois juste…

Mais n'y a-t-il pas parfois un manque de sagesse évident ?

Si la sagesse, pour vous, c'est de se taire, alors oui, il y a un manque de sagesse !

Ça vous ennuie ma question ? On peut passer à un autre sujet ?

Si on ne peut rien vous dire, on n'arrivera pas au bout de ce livre ! Non, je ne suis pas inquiète pour moi. Eh oui, je dis et je redirai toujours quand les choses me paraîtront injustes. C'est comme ça. Je suis née comme ça. Je suis née avec cette qualité-là. Je hais l'injustice ! Vous m'entendez, je hais l'injustice. Quand elle me touche, quand elle touche les autres ! Je sors d'une famille ultra-conservatrice mais avec une mère révolutionnaire à sa façon. Je déteste ce qui est injuste. Mes enfants, quand ils étaient à l'école, je leur disais toujours : « Si tu vois une injustice, si tu subis une injustice, dis-le ! » On peut tout critiquer chez moi mais personne ne peut m'enlever ce trait de mon caractère. Je ne supporte pas l'injustice ! Sur quel ton dois-je le dire ? Dans le débat avec Sarkozy, j'ai parlé de saines colères ! Oui, je crois à la colère, à la révolte. C'est ça être de gauche, bon sang, c'est se révolter et pas rester les fesses dans son fauteuil en attendant que ça passe ! Zut à la fin ! Ça fait peut-être intransigeant mais jusqu'à quand peut-on, doit-on transiger ? Quand mon appartement se fait braquer, fouiller, trois fois en deux ans, quand celui de mes collaborateurs est visité pendant la campagne, six ordinateurs volés, je transige. On est en campagne, je ne veux pas que ça se retourne contre nous. Je ne veux pas donner une arme à Sarkozy qui en a déjà assez comme ça : des commentateurs dégoulinants de complaisance, des médias aux ordres et une armée en parfait ordre de marche. Je transige. Vous croyez que c'est bien ? Je refuse une polémique, je refuse d'avoir encore à subir le jugement, le énième jugement des éléphants sur le thème de l'hystérique. Eh bien, je transige, et j'aurais mieux fait de ne pas transiger.

Vous êtes agacée. Je vous ai souvent vue comme ça pendant la campagne : contrariée et tranchée…

Tranchée ? Ça ne fait pas un peu jambon, ça ? (*Éclats de rire.*) Donc j'ai une tête de jambon. Comment est-ce, déjà, cette expression du Sud que j'adore ?

Tu m'as pris pour un jambon…

Voilà, c'est ça ! Plus sérieusement, tranchée c'est assez exact.

J'ai quand même aussi le sentiment que, chaque fois que vous avez un avantage, vous voulez le pousser. Exemple, pendant la campagne, à Marseille, vous faites chanter La Marseillaise, *vous reprenez la main sur la question de la nation et de l'identité, et suit immédiatement, le lendemain, la polémique sur le drapeau dans chaque maison de Français. En résumé, vous donnez le sentiment de ne pas savoir vous arrêter et de transformer un avantage en vous tirant une balle dans le pied.*

Et si c'était l'inverse... Si c'était parce que j'avais pris l'avantage que la clique Sarkozy s'organise, avec ses relais média, pour m'enlever cet avantage. L'histoire du Québec est symptomatique. Ma déclaration sur Sarkozy et Betancourt est irréprochable. La petite phrase est tronquée et elle part. La polémique s'organise immédiatement autour de François Fillon relayé par Raffarin, et l'ineffable Frédéric Lefebvre, monsieur porte-flingue de l'UMP. Chaque fois, c'est le même processus. Je sors de la maison de la Chimie où ma contribution a reçu un très bon accueil... 5 000 signatures en quelques jours. J'arrive au Québec, je parle et voilà le résultat. Avec des mots lamentables — « une petite fille dans une cour de récré » —, on ne va pas revenir là-dessus mais la veille de la maison de la Chimie, mon appartement est dévasté. Nuit blanche, horreur, angoisse surtout pour mes enfants, et ce sentiment que je ne suis plus en sûreté dans ma maison, mon lieu de vie, mon foyer. Succès à la maison de la Chimie et polémique. Il y a peut-être de ma part cette façon d'être dans le mouvement perpétuel. Je ne suis jamais statique. Contrairement à Nicolas Sarkozy, je ne suis pas dans l'« occupationnel ». Mais je bouge parce que le monde va vite, non pas parce que je m'ennuie. Honnêtement, expliquez-moi un peu, avec du recul, les délires sur la bravitude, la justice chinoise, ce qui m'a le plus blessée, je le reconnais... Expliquez-moi donc cette folie qui s'est emparée de la classe politique avec le Hezbollah. Vous avez vu Raffarin, début juin, affalé à table avec les représentants du Hezbollah à Paris, et Kouchner les recevant à La Celle-Saint-Cloud. No comment, mais je vous assure que ça laisse rêveur. Donc je pense que, quand je marque un point, les médias ne me lâchent jamais. Je pense que le système lui-même cherche la faille quand ça marche. Mais c'est bon signe. N'importe quel quidam l'aurait dit, ce serait passé inaperçu.

Globalement, vous aimez fracturer, vous aussi, le discours ambiant. C'est évident dans la libération d'Ingrid Betancourt...

Non, ce n'est pas ça. Je refuse d'être politiquement correcte. Je dis haut et fort ce que les gens pensent si fort, ce qu'ils me disent. Eh oui, ça secoue mais c'est ma fonction. Vous voulez que je sois comme ces diplomates policés qui n'osent rien dire et se tiennent les côtes en riant quand ils voient Sarkozy arriver ? Vous lisez la presse étrangère ? Vous réalisez le crédit qu'il a perdu à l'étranger ? Regardez sur la Colombie. Il l'apprend un quart d'heure avant la libération, comme un quidam. Pourquoi Uribe ne l'appelle pas ? Parce qu'il se dit qu'il est tellement chien fou qu'il va faire une conférence de presse pour tirer les marrons du feu, pour annoncer l'information. Donc mieux vaut ne rien lui dire car il est immaîtrisable. Vous pensez qu'il a du crédit ? Non, bien sûr que non. Il va prendre la présidence de l'Union européenne ! Ça fera de belles images. Je les vois déjà d'ici. Nicolas Sarkozy tous azimuts partout tout le temps, entouré du drapeau européen, de tous les drapeaux si possible. Mais vous croyez vraiment qu'Angela Merkel n'a pas jugé, que l'Europe n'a pas jugé, que le Premier ministre indien que j'ai longuement rencontré n'a pas jugé, clairement, lucidement la situation ? Allons donc ! Cessons cette hypocrisie française qui consiste à faire de la pseudo-opposition intelligente. Il ne se passe plus rien de sérieux sur la scène internationale autour de Sarkozy. C'est grave. C'est n'importe quoi en termes de politique nationale. C'est du niveau de l'incompétence politique crasse. Tous les jours, il y a une catégorie sociale qui se prend un coup sur la tête, en période de tempête internationale, c'est très grave. Je pense que les gens sont épuisés. Et un peu résignés aussi. Le péché originel du bouclier fiscal sera très difficilement surmontable. Il faut s'attendre à des morts si l'hiver est très rigoureux et si les gens n'ont pas les moyens de remplir leur cuve. C'est inadmissible. Lamentable, avec le fric que Total se fait. Il achète son pétrole en dollars, il le revend en euros. En fait, les profits de Total sont bien au-dessus. C'est minable.

Vous êtes courageuse, c'est évident. C'est d'ailleurs l'une des qualités que vous concèdent unanimement vos adversaires de gauche comme de droite. Toujours à l'abordage.

À l'abordage, ça me va bien comme expression. C'est joli.

Et pourtant, vous ne parvenez pas non plus à vous défaire de cette image belliqueuse qui semble vous coûter plus qu'elle ne vous rapporte. Cette image presque sectaire dans un monde où le consensus généralisé s'installe lentement.

Mais encore une fois, je m'en fiche. J'entends le discours de « raison ». Il faut être raisonnable. Allez, braves gens, soyez raisonnables. Eh bien, moi, je ne suis pas raisonnable avec cette fausse raison qui n'en est pas une. Je vais vous raconter une histoire. L'autre jour, j'étais au café avec un ami. Je parle, je ris, on passe l'actualité en revue. Et soudain, le serveur arrive à ma table et me tend un papier. Sur lequel je lis : « Madame, vous déshonorez la France, vous déshonorez la politique avec vos déclarations et votre comportement. » Le type avait griffonné ça et me l'avait fait passer avant de payer et de partir. Je n'ai jamais su qui c'était. Le serveur me l'a décrit comme assez âgé, bourgeois, très à l'aise. En sortant, des gens m'ont demandé de me prendre en photo. Ils souriaient. C'étaient visiblement des gens assez simples. Eh bien voilà, ça résume assez bien mon lien avec ce pays : des sectaires de droite qui griffonnent des papiers et se sauvent comme des voleurs, et des gens simples, moyens, qui prennent des photos, me touchent le bras et me disent : « Allez-y, Ségolène, continuez. »

Elle et lui

Poitiers-Paris, mai 2008

Observation du coin de l'œil. Elle est attablée, attentive. Didier Bezace parle beaucoup, Ariane Ascaride réfléchit, s'adresse à elle et se replonge dans un songe personnel. Ce doit être ça quand on achève une aventure théâtrale. Un mélange de joie et de profonde mélancolie, comme lorsqu'on quitte ses amis de classe pour les grandes vacances. Elle, elle ne dit rien. Comme souvent, comme toujours. Elle écoute. Sourit. Là sans être vraiment là. Quelque chose a pourtant changé. Ce pli de tristesse au coin des lèvres... disparu. Grave, elle l'est, par nature, par tempérament, mais triste... non, ça n'est plus le mot qui convient. Après le déchaînement, la grande souffrance qui tord le ventre et vous laisse sans voix, le dénigrement profond, l'absolue certitude qu'on ne vaut plus rien, Ségolène Royal semble enfin avoir accosté à son propre rivage. Et ce soir-là, après la dernière représentation à Poitiers de *La Maman bohème* et de *Médée*, deux textes époustouflants de Dario Fo, ce soir elle paraît presque heureuse. Pourtant, ces textes-là lui ont frappé le cœur. Médée, sombrant dans la folie parce que Jason l'a quittée pour une femme plus jeune. Assise au premier rang, elle écoute, applaudit, rit aux éclats, fascinée par la force sauvage, canalisée, d'Ariane Ascaride. C'est certain, ce texte lui parle, l'envahit. Quelques mois auparavant il l'aurait détruite, ramenée à cette douleur lancinante. Cette rupture personnelle qui aurait pu, qui aurait dû la désarticuler. Ses amis en parlaient à voix basse, personne n'osait aborder le sujet. Tabou. Elle, elle balançait entre le rire et les larmes. Matin chagrin où rien ne va. Où tout vous agresse : l'agenda, les rendez-vous qui s'enchaînent, et même le silence forcé des collaborateurs qui connaissent, englobent et pardonnent toutes les sautes d'humeur. Matins euphoriques où tout va mieux. Où tout vous porte : agenda, déjeuner, rires dans le couloir avec un assistant ou une attachée de presse. Le trop ou le pas assez, mais jamais la voie du milieu. Un an qu'ils la regardent se balancer sur un fil tendu au-dessus du vide. Un an qu'ils pensent parfois : « Elle ne s'en sortira pas, c'est trop dur », un an qu'ils pensent parfois : « Mais si, elle va s'en sortir. » Et puis un jour, sans même qu'on s'en aperçoive, la vie se met sur d'autres rails et le passé, malgré soi, s'effiloche comme du coton. Un jour, on se reprend à trouver la vie plus douce. Ce soir-là, la vie semble plus douce.

Quelques semaines plus tôt, rue de Solférino…

Je me souviens être sortie de son bureau avec une seule question en tête : était-il sincère ? On ne sait jamais lequel des François Hollande parle vraiment. D'ailleurs, ils parlent chacun à leur tour. Dans mon univers personnel, je l'ai surnommé « le Cavalier », la seule pièce aux échecs qui peut faire mat à l'étouffée. Étouffer, contraindre, endormir, frapper, manier l'humour et parfois même la méchanceté : personne ne maîtrise mieux ces fils de marionnettes que lui. Mais toutes les marionnettes, un jour, se révoltent. Il parlait bas, avec un air grave qui lui va plutôt bien. Derrière le rire, le verrou… derrière le verrou… tiens… le rire et derrière le rire… encore un verrou et… enfin, au loin, cachée au fond du puits… une sincérité. Quand je le regarde, que je l'écoute, je ne me pose aucune question sur ce qui fait le charme intime de cet homme. Rassurant pour les anxieux, posé pour les inquiets, virevoltant pour les peureux, travailleur acharné pour les fainéants, doux pour les machos, macho pour les hésitants. L'art du contre-pied permanent, de l'esquive. Protéiforme. Il avait tout. Sauf peut-être la peur de se faire vraiment mal. Ce jour-là, comme souvent d'ailleurs, c'est un little big man que j'ai devant moi. Un petit bonhomme dans son costume de velours noir. Ce costume que nous avons beaucoup moqué, mes amies Ilana Moryoussef de France Info et Isabelle Mandraud du *Monde*. « C'est votre doudou, François, ce costume ? Vous savez, le truc horrible et moche qu'on porte pour se rassurer ! » C'était l'époque bénie où tout souriait à François Hollande. C'était un soir de mars 2004 quand les 20 heures coloriaient en rose la quasi-totalité des régions de France, sauf l'Alsace, en haut en droite. Ce soir-là, dans son bureau, quelques journalistes et une bouteille de champagne à partager avec ses copains députés… « Je l'ai gardée depuis le 21 avril 2002. » Ce soir-là, il portait son fameux doudou. Moquerie des trois copines ! Éclats de rire garantis de monsieur le premier secrétaire ! Commentaires interminables sur ce velours presque élimé. Il l'adore. Ce matin, je tente le coup du doudou. Un sourire arraché mais rien de plus. Le regard profond vous prend en étau, derrière les lunettes. Sourire triste. « Et comment ça va ? » Tiens, j'ai déjà entendu cette phrase quelque part. « Ça va et vous ? — Tout va bien, je cire déjà mon fauteuil pour que mon successeur puisse s'asseoir ! Gare à la chute de reins. » Hollande la morsure. Surtout de lui-même, contrairement aux apparences. Des mots sur elle. Maîtrisés. Parfois on sent poindre l'admiration pour cette femme qui n'a jamais cessé de l'étonner. « Ségolène, on ne la voit jamais arriver. Tous les autres, oui, je les vois arriver avec leurs gros sabots ; elle aussi d'ailleurs me voit arriver. Mais moi, j'ai encore du mal. Vous voulez un café ? — Oui, pourquoi pas un café. » La conversation est d'une banalité crasse. Quand deux abominables bavards n'ont pas envie de faire la conversation et préfèrent rester sur leurs gardes. Enfilage de perles de part et d'autre.

Je l'écoute parler de façon presque mécanique. Toujours l'obsession du parti, de la tactique, des alliances. Il est brillant, il est drôle, mais se dégage de lui comme un parfum d'ennui. Qui sied mal au personnage. Pendant des années, François Hollande est resté indéchiffrable. L'humour en bouclier, le moulin à paroles en cuirasse. Insondable.

Aujourd'hui, il laisse transparaître sa colère, ses agacements à géométrie variable, en fonction de son interlocuteur. Aujourd'hui, c'est l'ennui qui affleure. Ou plutôt la lassitude. Verrouillé-déverrouillé. « Moi ça va très bien et... ? — Et qui de droit ? ai-je répondu du tac au tac. — Qui de droit va bien, enfin je suppose, si j'en crois la dernière conférence de presse. » Je sors de ce bureau, de ce premier étage de Solférino qui sent la fin de règne. Le salon d'attente est plongé dans la pénombre. Rachid, son chauffeur, pianote sur son téléphone portable. Hollande est le seul employeur à avoir gardé un chauffeur le temps qu'il retrouve les points de permis qu'il a perdus. Je regarde Rachid et je souris. Rassurante fidélité. Masculine ? Pas seulement.

En descendant le grand escalier, je repense à ce François Hollande que je connais aussi, celui capable de réveiller une armée de militants comme on jette un seau d'eau glacée au visage en hurlant : « Réveillez-vous ! » Comme un soir de meeting de législatives après le 21 avril. Il fallait le voir sortir de l'avion, le cœur aussi lourd que les troupes, marcher d'un pas rapide sur le tarmac… troisième et dernier meeting de la journée. « Qu'est-ce que je vais bien pouvoir leur dire ? » nous demande-t-il, à nous les rares journalistes suiveurs d'après la débâcle. Avant d'ajouter : « Je verrai bien. Il faut les détendre. » Ce soir-là, à Metz, il les détendait si bien que personne ne parvenait à quitter la salle. Des rires et encore des rires, qui succédaient à des fous rires qui précédaient des rires. Une salle gondolée, des tours et des tours de manivelle dans le dos. Lui, l'acteur, qui n'en a jamais oublié la stratégie, la phrase juste, le bon angle d'attaque de l'adversaire. Où a sombré ce François Hollande-là ? Celui qui « laisse dégorger les escargots ». Sa tactique lorsqu'un présidentiable entre dans son bureau et vient se plaindre d'un autre présidentiable. « Je laisse dégorger l'escargot, je prends mon air de révérend père François, je cligne trois fois des yeux, j'ajoute… comme je te comprends… et c'est fini. Règle d'or, Françoise : ne jamais vexer un éléphant. » À trop vouloir ne pas… Qu'est-ce qui n'a pas marché ? Je crois qu'il va pouvoir trouver sa réponse dans sa mise en jachère forcée.

En fait, c'est très difficile de vous parler de François Hollande.

(*Silence…*)

C'est une sorte de zone interdite pour nous. Un élément clé de la prochaine bataille du congrès et pourtant tout est si inextricablement lié qu'on a du mal à l'évoquer.

Laissez le temps dénouer tout cela. Petit à petit.

Et…

Et rien. J'ai déjà tout dit. Le reste m'appartient. Un jour, nous parlerons tous des belles choses. *Se souvenir des belles choses*, c'est un titre superbe de film.

Ce soir, vous avez applaudi à tout rompre Ariane Ascaride. On vous voit rarement aussi détendue. Je me souviens d'ailleurs d'un moment étrange dans la campagne. Nous étions à Charleville-Mézières après un meeting assez surréaliste avec DSK. Tout le monde devait rentrer en avion à Paris et, finalement, tout le monde est reparti en voiture. Vous aviez annulé votre retour pour rester sur place. Et quand je vous ai demandé pourquoi, vous m'avez répondu : « Je reste pour Arthur. »

Rimbaud, évidemment ! C'est important de le préciser ! Oui. Ce soir-là, j'avais besoin de souffler et une envie irrésistible d'aller visiter le musée Rimbaud, le lendemain matin, de me replonger dans ce monde-là, de trouver de la pureté, de la profondeur, de l'apaisement. Je ne voulais pas rentrer à Paris. Retrouver les éternels faux encouragements. J'avais besoin de poésie. Viscéralement.

C'est un goût que personne ne vous connaissait auparavant. Ça m'a frappée lorsque je suis allée chez vous à Boulogne et à Poitiers. Il traîne toujours sur un coin de table un recueil de poésie. Walt Whitman à Boulogne et Tagore à Poitiers. Ces livres ont l'air d'être lus.

Je vois que vous avez l'œil ! Vous savez discerner un livre décor d'un livre vivant ! Walt Whitman, vous connaissez ? Parce que moi, c'est l'un de mes enfants qui me l'a fait connaître.

Oui, Feuilles d'herbes. *Respect de l'autre, harmonie de l'être humain avec l'univers. On est loin de la politique!*

(*Rires.*) Ça c'est certain! Quant à Tagore, c'est très beau. Oui, j'aime la poésie. Elle m'élève. Me rend heureuse. Elle nourrit mon monde intérieur. J'en ai besoin. Je plonge souvent en moi. Parfois, je décroche dans ma tête. Mes enfants me rappellent à l'ordre. « Hou, hou! maman, reviens sur terre! » et je reviens.

Vous vous barrez, littéralement?

Je me barre, oui, je réfléchis à des choses que j'ai vécues, ce que je dois faire, une phrase que j'ai entendue et qui infuse. Des rêveries nécessaires pour tenir dans ce monde cruel. C'est aussi une façon cachée de regarder avec amusement le spectacle de la vie… la comédie humaine. Il faut vraiment que je prenne le temps de relire Saint-Simon. Vous venez de m'y faire penser. En règle générale, j'évacue assez vite de mon entourage les personnes malsaines ou que je ne sens pas. Je comprends bien les ressorts cachés de chacun. Depuis toujours, et ça s'affine au fil du temps. Plus je vieillis, plus je vois clair et plus ça m'amuse.

Hop hop hop! Vous jouez la distanciée mais êtes tout le temps dans la séduction… C'est normal, c'est l'essence même de la vie politique, de l'élection, la séduction… c'est normal, c'est le jeu habituel…

Ah bon, vous croyez? (*Silence.*) C'est ma façon d'être alors, mais je ne suis pas dans la séduction classique, vous comprenez? Ça ne m'intéresse pas, cette arme-là. D'abord parce qu'elle est dangereuse et c'est encore l'éternel procès fait aux femmes.

Mais plus que la séduction, ce qui m'importe c'est la joie dans le combat. Je reste persuadée qu'on ne peut pas gagner si on n'est pas joyeux.

Il y a des joies fausses, qui tiennent de l'exaltation, pas de la vraie joie, de l'optimisme profond…

Oui, vous avez raison. Quand je dis joyeuse, c'est tournée vers demain, toujours, toujours, à chaque instant. Même si on a commis une erreur, on se ressaisit, on corrige et on repart. Toujours en avant. Jamais en arrière. Voilà, c'est ça pour moi, une campagne joyeuse, un combat joyeux, c'est de regarder devant, de trouver la force, l'énergie, à chaque instant, de ne pas se laisser aller à la mélancolie, ne pas se laisser tirer vers le bas…

Oh, comme j'en ai marre de cette expression !

Ah oui, c'est vrai. Elle vous horripile celle-là. Pourquoi donc ?

Parce qu'elle est systématique et qu'elle sous-entend que c'est l'extérieur qui décide. Ça n'est pas ma vision de la vie. Je crois que nous décidons tout nous-mêmes, que tout part de nous-mêmes. Que l'extérieur, ce ne sont que des phénomènes, que parfois nous domptons et qui parfois nous engloutissent, mais que tout revient inlassablement à notre décision… Voilà pourquoi je n'aime pas cette expression…

Votre explication est convaincante mais je ne crois pas que nous décidons de tout. Je crois au destin aussi. Je suis frappée par les destins. Pas forcément tragiques d'ailleurs. Par la force du destin. Je crois à la malchance et à la chance. Je crois qu'on peut faire tourner les vents, transformer la malchance en chance, mais je ne suis pas certaine qu'on y arrive tout le temps. Par la force de la décision. D'ailleurs, l'histoire me donne raison. Le monde est rempli d'imposteurs.

Le mois où tout aurait pu s'arrêter

Mougins, le 8 août 2008

Elle attend sagement, sous un soleil de plomb, devant la grille de son allée… Robe légère, pas de lunettes de soleil. Impassible. Ça fait une demi-heure qu'elle attend. Et que je tourne en rond dans ce Mougins du diable… Mougins-le-Haut, Vieux-Mougins, Val-de-Mougins, golf de Mougins, un véritable labyrinthe. « Vous n'avez pas de GPS ? » me demande-t-elle narquoise au téléphone. « Non, je n'ai pas de GPS, je ne sais pas me servir d'un GPS. Je déteste les GPS… » Donc elle patiente, au soleil, et me fait des grands signes quand je déboule dans l'avenue. Rigole, se moque et doit penser : « Ça, c'est de la grande reporter, perdue à Mougins ! » Je traîne, je tourne et je me perds, comme une sorte d'acte manqué. J'ai longtemps hésité à venir. Franchir cette ligne de l'entretien à domicile chez un homme ou une femme politique. Elle-même n'est pas coutumière de cela. À Mougins, beaucoup de journalistes sont pourtant venus déjeuner sur cette terrasse. Mais à l'invitation de François Hollande. Traditionnel déjeuner de fin d'été pour la traditionnelle interview d'avant La Rochelle avec la traditionnelle photo du premier secrétaire bronzé dans les rues du village. Vieux complices de presse ou relations plus récentes. Alors va pour Mougins. Une demi-journée dans un océan de vacances. Le seul espace que j'ai pu arracher pour un livre qui avance… à reculons.

Pas de reproche, un sourire narquois, l'ombre peut-être d'un agacement d'avoir perdu du temps sur son temps à elle, précieux, ce temps privé que tous les hommes, toutes les femmes politiques protègent comme un diamant. Le temps des enfants, le temps de la vie normale, des courses, des soirées passées à ne rien faire, à rire, à lire, à aimer aussi, à raconter ces mille histoires de vie quotidienne qui ne trouvent jamais ou si rarement leur place dans l'agenda de l'année. Ce temps dont je vole quelques heures. Un grand portail de bois, une allée privée, quelques villas et, au bout du chemin, une grille et une maison. Un millier de mètres carrés de jardin, une piscine et un petit mas provençal… Discret, pas de tape-à-l'œil… des murs clairs, un salon de bric et de broc, très cosy, deux chambres, une cuisine vaste ou traînent encore les sacs de courses de la veille… des récupérateurs d'eau.

Ségolène Royal croit à l'écologie. Des meubles jolis et disparates. Des livres. Des couleurs chaudes aux murs… orange, vert… tout cela respire une vie de famille, de celles que raconte si bien Claude Sautet. Une petite terrasse. Des transats au bord de la piscine. Cannes-la-Bocca à l'horizon dans une trouée entre les cyprès, Mougins-le-Vieux à l'horizon. M. Robert arrive. Truculent, nature. Le voisin qui s'occupe de la maison. Des quelques bosquets de fleurs, de la piscine, sympathique… bon enfant. Ce matin, il est question d'un pin qui a poussé trop vite et menace la toiture… un pin planté « quand on a acheté la maison ». Un ange passe. Je me demande comment tourner les pages quand on tourne encore la clé dans les portes des lieux qu'on a occupés si longtemps ensemble. Sujet inabordable. Je souris intérieurement. Quand je pense au tintamarre sur l'ISF et la maison de Mougins, la richitude du couple Hollande-Royal, je me dis que le vacarme médiatique est bien l'une des sept plaies de notre démocratie. D'ailleurs, elle le sent et me rappelle que, depuis qu'elle est séparée de François Hollande, elle ne paie plus d'ISF alors que lui, si. Elle aurait aimé qu'il le dise dans la campagne. Qu'il dise que ce sont ses biens à lui qui lui ont fait payer l'ISF à elle. Il ne l'a pas fait. Elle en garde visiblement une vraie colère, un vrai sentiment d'injustice. Maison coquette, petite terrasse et bien-être visible de la copropriétaire des lieux.

Qui s'affaire en cuisine, prépare un café, fait griller des tartines, sort les confitures... me montre les courgettes et l'huile d'olive, rapportée par un voisin grec qui l'a soutenue pendant la campagne... « Chut, pas trop de bruit... Flora dort encore. » La cadette a lu toute la nuit. La jeune fille, qui ressemble étonnamment à sa mère, passe une tête sur la terrasse, salue poliment, discute quelques instants... de Flaubert, de la « Nouvelle Star », mais pas un mot de politique. On sent bien que la mère protège la fille de cette passion dévorante. Complicité profonde entre les deux. Même retenue, même discrétion, même naturel aussi. Après tout, je suis journaliste, donc intruse. « J'aurai au moins réussi mes enfants », explique Ségolène Royal en me raccompagnant jusqu'à la grille. Le ton est léger. Sans aucun regret. Nous sommes au cœur du mois d'août. Toute la matinée, à haute voix, devant moi, sans filtre, elle a réfléchi à l'avenir. Au temps qui passe, à l'engagement politique. Ce jour-là, Ségolène Royal doute. Et le dit.

Est-ce que vous avez peur de votre âge ?

Absolument pas.

Pourquoi ?

Parce que je vis une nouvelle liberté donc j'ai le champ de tous les possibles aujourd'hui. J'ai ma liberté de choix maintenant. Continuer ou arrêter la politique, choisir ma future vie amoureuse, comme je veux, quand je veux, avec qui je veux. Aimer qui je veux... Je pousse loin (*elle éclate de rire*), mais c'est pour dire que les champs du possible sont là. Mes enfants sont en train de s'autonomiser. Je n'ai absolument pas le syndrome du nid vide. Beaucoup de femmes, au moment de l'autonomisation de leurs enfants, souffrent le martyre. Ça n'est pas mon cas. Encore une fois, je n'ai pas le syndrome du nid vide. Je ne vis pas ça. C'est déjà une immense chance. Là, par exemple, cet été, les enfants sont moins venus. Thomas bosse son diplôme d'avocat. Julien est parti avec ses copains, et il doit être très très bien parce que je n'ai pas eu un texto ni un coup de fil depuis cinq jours. Pas de nouvelles, bonnes nouvelles ! Clémence fait son stage de médecine au Québec, donc j'ai Flora, donc je suis contente. Ça me permet de la chouchouter. Elle a seize ans, à cet âge-là c'est important les rapports entre une mère et sa fille. Là, je suis courbaturée. On fait de la gym ensemble. On se muscle. On a pris un prof. C'est dur mais c'est drôlement sain. Je fais du sport, tous les jours. J'y ai prêté trop peu d'attention en 2007. En tout cas, on fait du sport. Je cuisine à midi, elle cuisine le soir, on parle, on regarde la télévision. On parle de littérature. Ce sont des moments privilégiés pour moi. Mais je ne m'interdis rien.

Une invitation. En quarante-huit heures je suis partie. C'est aussi ça ma liberté.

Comme on se libère de chaînes ?

De chaînes ? Attention, les enfants ce sont des chaînes agréables, mais c'est vrai que je me suis interdit beaucoup de choses dans ma vie avant. Maintenant, je vis. Là, je ne me tarabuste absolument pas.

Vous vous sentez belle ?

Comment dire ? Je sais que j'ai du charme, que je ne suis pas un repoussoir. Je ne m'en suis jamais servie mais je me suis toujours sentie bien dans mon physique, mon corps. Avec mes drôles de prénom et de nom, et ma vie hors des frontières, c'est sûr que j'étais directement repérée. C'est sûr que c'est un atout. Mais je trouve à ce propos qu'il y a une injustice effroyable entre les enfants. Vous avez vu ces enquêtes américaines ?

Non, je ne connais pas.

Des enquêtes qui démontrent que les enfants moins beaux, à égalité de qualité de devoir, avaient de plus mauvaises notes, y compris dans les oraux des grands concours. C'est ignoble. Pour en revenir à la beauté, j'ai quand même l'âge que j'ai. J'ai cinquante-cinq ans et je n'ai pas la beauté d'une fille de vingt ans. Je me suis bonifiée, je crois, avec l'âge. Je me sens moi. Belle, on me l'a dit et j'aime le croire, mais c'est monstrueux que vous me fassiez dire ce genre de chose. Ça, on ne le mettra pas dans le livre non plus ?

C'est fou ce qu'on n'y mettra pas, dans ce livre. Autant que je reprenne tout ce qui a déjà été écrit sur vous, que je recopie votre programme présidentiel et n'en parlons plus !

Vous êtes toujours aussi radicale, vous ! On ne peut rien vous dire ! Vous ne relâchez jamais la garde, même en été ?

Ah non, surtout pas en été, et surtout pas avec vous. C'est un vous collectif, rassurez-vous !

Nous, les politiques, c'est ça ? Bon, mais ça me fait rire. Ça n'est pas par coquetterie que je dis ça mais c'est très drôle, ces questions. Je n'ai jamais fait ça, en réalité. J'avais commencé un livre, pour la primaire, mais ça ne prenait pas cette tournure. Il est vrai que tout était encore normal.

Normal ? Ça veut dire que c'est anormal aujourd'hui ?

Anormal, non, mais tout était encore sur les rails. Ça roulait, quoi. La vie, l'amour, les enfants, les courses, la maison, la politique. Une vie normale, quoi. Maintenant c'est un peu bizarre. Agréable mais bizarre. Mais surtout ne pas se retourner. Un, deux, trois, soleil !

Qu'est-ce qui est beau pour vous ? Comment définissez-vous la beauté ? Qu'est-ce qui vous touche en premier chez un être humain ?

Je ne sais pas. C'est difficile à dire... Ce sont des drôles de questions, en fait. Je n'ai pas l'habitude de me demander cela. Je ne me pose jamais ce genre de questions. C'est bizarre que vous me les posiez...

*C'est normal, personne ne vous connaît, pas plus moi que les autres. J'en profite, j'essaie de comprendre. Comme une entomologiste qui étudierait l'*animalus politicus*!*

Nous sommes donc si particuliers ? Remarquez, c'est vrai que nous sommes quand même un peu *strange*. Bon, OK! Beaucoup de choses m'attirent. Pas forcément le physique. Ce qui est beau pour moi ne l'est pas forcément pour les autres. J'aime qu'un homme ne soit pas un macho. Soit profondément élégant, d'esprit je veux dire, pas faussement élégant. Vraiment élégant, vraiment respectueux. Mais disons peut-être que ce qui me touche en premier, chez quelqu'un, c'est l'émotivité. On voit tout de suite, sur un récit, les gens qui réagissent ou qui ne réagissent pas. Il y a des gens sur lesquels tout glisse, tout s'écoule, dans l'indifférence, je n'aime pas ça… Ces visages et ces cœurs glacés. C'est la première chose que je perçois. La qualité d'émotivité. Et puis je suis toujours séduite par la générosité. La générosité de son temps, de son écoute, de son attention. Il y a beaucoup de choses qui se greffent autour de cela. Quelqu'un qui est généreux, c'est quelqu'un qui va faire passer l'autre avant soi-même, qui va peut-être se fragiliser mais va penser à l'autre avant tout. Je suis très sensible à cela. De même que le défaut qui m'insupporte le plus chez un homme, c'est la pingrerie. Je ne supporte pas. Ça me hérisse. C'est presque rédhibitoire.

Et chez une femme ?

Je déteste les marâtres. Des femmes cruelles, violentes, qui tapent leurs enfants, même symboliquement. Qui tapent d'ailleurs tout court. Les marâtres. C'est le mot. J'aime la douceur chez une femme. C'est ma qualité préférée. Même la douceur masquée sous des airs un peu sévères. Je reconnais toujours la douceur chez une femme et l'intégrité. Je déteste les femmes troubles, comme un marécage.

Vous-même, vous considérez-vous comme généreuse ? Quand on vous observe, on a le sentiment que seule compte vraiment votre famille. Que le reste est accessoire. Que vous pouvez très bien vivre quasiment en autarcie avec votre amour et vos enfants.

Non, c'est faux. Regardez la politique, c'est un métier de fou. Où l'on passe sa vie à donner à des gens qu'on ne connaît même pas. Regardez mon cas par exemple. On m'a traînée devant la cour de justice de la République parce que j'avais dénoncé un bizutage dans une classe prépa vétérinaire à Marseille. J'ai vécu une épreuve atroce mais je ne connaissais même pas les victimes. Elles ne m'ont jamais téléphoné. J'ai remué ciel et terre sur ce dossier, tellement j'étais révoltée par cette pratique d'un autre âge. Je hais cette violence fasciste et je peux vous dire que je n'ai jamais rencontré, en tant que ministre, les victimes. Je suis intervenue, j'ai sanctionné, je me suis retrouvée devant la cour de justice de la République. Finalement, cette affaire a contribué à faire un peu reculer la violence en milieu scolaire, même si aujourd'hui la droite se fiche éperdument de ces problèmes de bizutage, de violence, que je considère, moi, comme essentiels pour le pays. Je prends cet exemple mais j'aurais pu en prendre des dizaines d'autres. Vous imaginez le temps qu'on donne à une circonscription, à la vie de nos concitoyens parce qu'on est élu pour ça. Pour donner sans compter. J'ai passé ma vie à m'occuper des autres. La politique, c'est donner énormément à des gens qu'on ne connaît pas. Parfois on se dit : « C'est dingue. » Quand toute sa vie on part trois, voire quatre jours par semaine en laissant ses enfants, sa famille, pourquoi ? Pour les autres. Et encore, moi j'ai eu la force de tenir ma famille, mes enfants, et pendant des années mon couple, grâce à une organisation et une détermination implacables. Mais combien de familles d'hommes politiques saccagées.

Vous en parlez avec eux ?

Oui, mais par petites touches. Ça n'est pas facile pour moi. Parfois, je m'excuse. L'autre jour, j'ai dit à Flora : « Tu sais, je suis trop absente. » Elle m'a regardée et m'a répondu : « Absente ? Mais maman, t'es toujours là. » C'est drôle la manie qu'on a aussi de penser à la place des autres. Dans une vie politique, on fait beaucoup de choses, on réalise beaucoup de choses mais ce dont je suis le plus fière, ce sont mes enfants.

Vous en parlez constamment.

Oui, c'est ma fierté. Dans cette folie d'engagement politique.

Vous êtes libre, au point dites-vous d'arrêter la politique ? Vous pourriez arrêter ?

Oui. J'y pense beaucoup depuis quelques jours. Pas formellement, pas sous forme de déclaration solennelle. Non, différemment, me retirer sur la pointe des pieds, m'éloigner du quai et revenir, peut-être ou peut-être pas. Je me le dis théoriquement. Mais est-ce que je pourrais m'en passer ? Est-ce que ça ne me manquerait pas ? J'en ai parlé à Thomas l'autre jour. Je lui ai demandé si je devais me lancer à nouveau. Parce que, après tout, ce sont des questions qui se posent inlassablement. Qui reviennent. Je dois décider. Être en roue libre, attendre un an et voir, ou bien mener une bataille, m'exposer tout de suite.

Et que vous a répondu Thomas ?

Que je ne pourrais pas vivre sans. Que je n'aurais que des regrets de ne pas être allée au bout. Que je ne peux pas laisser tomber les gens... Hier, c'était formidable, très touchant. Je suis allée faire mes courses au supermarché avec Flora. J'aime bien faire des choses simples. Et à ce moment-là, au moment de passer à la caisse, deux caissières sont venues vers moi et la coiffeuse du petit centre commercial est sortie du magasin. Et toutes les trois, elles m'ont dit des choses très belles. « Qu'est-ce qu'on a été fières, Ségolène, qu'est-ce qu'on a eu de la peine pour vous. Mais si vous saviez comme on a été fières de vous, de cette campagne... » Elles m'ont offert des sacs. Je les ai gardés. Des sacs de courses mais vous savez, c'était très fort. Plus d'un an après la campagne, ces gestes sont merveilleux. J'ai des doutes mais je mets tout dans la balance. Et elles comptent, ces femmes, dans la balance. Profondément... Oh, regardez la pie...

La pie ?

Oui, regardez la pie, là, dans le bosquet.

Vous avez peur des pies ?

Non, mais elles attaquent les écureuils.

La méchante pie contre les gentils écureuils. Vous voulez faire régner l'ordre juste jusque dans les arbres.

(*Rires*...) Quand j'étais petite, à la campagne, on faisait attention aux pies... Elles s'en prennent aux semences.

Après l'intermède de la pie, retour à la fonction politique... Vous vous laissez le choix d'arrêter la politique ?

Ce n'est pas arrêter... dire *ciao bye bye*... Non, c'est le choix du rythme. C'est ne pas me laisser imposer par les autres le choix du rythme, sinon je vais faire des erreurs. Entre ceux qui me disent : « Faut être tous les jours au front, dès la rentrée, cibler tous les jours Sarkozy parce qu'il n'y a que toi qui peux le faire... » et ceux qui me disent : « Faut pas être anti-Sarko parce que sinon tu vas te banaliser », ceux qui me disent : « Maintenant, il faut te mettre les mains dans le cambouis du moteur, parce que c'est incontournable » et ceux qui disent : « Surtout ne mets pas les mains dans le cambouis parce que tu vas te tirer vers le bas », il y a de quoi devenir dingue. Les entourages parlent avec leurs propres intérêts. Ils parlent avec leur peur mais aussi selon leur place.

Leur peur, c'est aussi la peur sincère qu'ils peuvent éprouver pour vous car ils vous respectent. Comme souvent en politique, vos salariés sont plus que des salariés. Ils adhèrent à la personne Ségolène Royal au-delà de leur propre salaire...

C'est juste, mais je ne parlais pas de ma petite troupe. Je parlais des alliés politiques, des soutiens politiques. Je ne risque pas grand-chose mais il faut que je fasse le bon choix du bon rythme avec des injonctions contradictoires. C'est toute la difficulté de la décision politique, à mon avis. Écouter des avis souvent contraires et parvenir à saisir ce qui est le mieux, le plus juste. Nous sommes, je suis entourée de gens plus ou moins sincères, plus ou moins fiables, souvent très compétents, mais dans leurs points de vue respectifs entrent en compte plus ou moins de sincérité, plus ou moins de calcul, plus ou moins d'émotivité… C'est très difficile de séparer le bon grain de l'ivraie.

Ce que vous me dites, c'est qu'à un certain niveau de pouvoir on est vraiment seul, même sur le plan amical.

Oui, d'ailleurs je suis la preuve vivante que même le lien le plus fort peut se retourner…

Vous voulez parler de François…

Je ne veux pas parler de lui… S'il vous plaît. Ce qui est encore plus certain, c'est qu'au final c'est toujours moi qui décide. En pleine conscience.

Mais il y a chez vous un syndrome de la porcelaine…

Je ne comprends pas ce que vous voulez dire…

Le syndrome qui a frappé beaucoup de politiques pendant la campagne, et même la primaire, et qui frappe encore… qui consiste finalement à vous prendre pour une pauvre petite chose fragile qui a besoin d'être guidée, protégée d'elle-même. J'ai été frappée de voir la façon dont certains de vos soutiens parlent de vous, hommes ou femmes d'ailleurs… « Là, elle m'a écoutée ».

ou bien encore : « Elle n'était pas partie pour ça mais j'ai réussi à la convaincre »... Au fond, c'est encore et toujours un manque de confiance en vous. Et ce besoin constant de vous « pygmalioniser », si je puis m'exprimer ainsi.

C'est joli... oui, vous avez sans doute raison... Mais j'aimais bien pendant la primaire quand Patrick Menucci me disait avec sa grosse voix et son accent marseillais : « Ségolène, laisse-moi faire, va ! » Ça me rassurait. Maintenant, j'ai plus de mal avec tout ça. Quand j'y repense, ces derniers jours, ça me donne la nausée. Je me demande où cela va bien pouvoir mener. C'est l'été, à Mougins. Le temps de la réflexion. Je me dis qu'il y aura d'autres étés... là, je gamberge. Et je le dis. En tout cas, il faut changer la façon de faire, c'est certain. La question que je me pose toujours, de façon quasi obsessionnelle, est la suivante : « Que pense le pays, que ressent le pays, est-ce que je comprends vraiment ce pays... » C'est une forme d'obsession. On a beaucoup moqué ma façon de me ressourcer dans ma circonscription avec mes amis, mes copains de vingt ans, profs, agriculteurs, élus ruraux. Mais c'est essentiel. Sinon on passe à côté de tout. J'essaie de rester en contact profond avec le pays. Pas le contact artificiel... non, profond. Voilà pourquoi je voudrais aussi régionaliser le bureau national du parti socialiste. En faire un parti vivant, en phase avec le pays, et pas un parti recroquevillé sur Solférino.

Il faut des têtes chercheuses, il faut des « veilleurs », c'est très important. Il faut lire, capter, écouter, accepter les critiques, même les plus dures. Il faut les encaisser, les digérer. Si elles sont argumentées et justes, je les entends toujours. Comment peut-on diriger autrement ? C'est une illusion de penser qu'on peut encore diriger comme cela, retranché. Coupé du réel.

Vous avez employé tout à l'heure le mot « obsession ». Vous êtes une obsessionnelle ?

Oui, parfois pour de bonnes raisons, parfois pour de mauvaises. Le plus dur c'est de faire le tri. La purge… Quelles obsessions on peut mettre dans la corbeille en un clic, quelles obsessions il faut garder… Ce qu'on ne réglera jamais et ce qu'on peut régler à force de persévérance. Je crois à la persévérance. Mais parfois je suis trop obsessionnelle sur des détails sans importance. J'en suis consciente, ce qui permet de progresser.

Lesquels ?

Une phrase blessante, des propos sur ma vie privée… un processus qui ne marche pas comme je voudrais, un détail dans un discours qui ne colle pas. Ce petit rien qui ne colle pas. Ou un objet que je cherche et que je ne retrouve pas. Je perds beaucoup de choses, en fait. Mes clés, mes boucles d'oreilles, des papiers. J'égare plutôt que je ne perds. J'oublie. La vie nous bouffe. Il faudrait élargir le cerveau pour tout faire rentrer. Parfois je m'énerve contre moi. Je fais des efforts là-dessus, mais parfois je n'évacue pas assez vite d'un clic dans la corbeille. L'idéal serait d'arriver à trier très vite, comme à se mettre en colère sans exprimer la colère. Vous voyez ce que je veux dire ?

À peu près, même si ça me paraît être un objectif difficile à atteindre. Finalement, ce que j'entends dans ce que vous dites, c'est que vous cherchez toujours le tempo, le bon tempo, le bon moment...

Oui, d'ailleurs les premiers articles que j'ai faits sur les femmes, il y a quelques années, c'est ce rapport au temps typiquement féminin et paradoxal... On est à la fois dans l'urgence, dans l'immédiat, il faut donner à manger, nourrir, inscrire à l'école, aller chercher au sport ou au piano, courir chez le médecin, en clair toujours dans la réponse immédiate et en même temps dans la transmission générationnelle, on est dans le long terme. On se projette. Qu'est-ce qu'ils vont devenir ? Comment ça va se passer ? C'est un temps long. Les hommes sont rarement dans ce rapport à l'urgence, dans ce rapport au temps. Jamais. La contrainte de l'urgence est quelque chose qui leur est étranger. C'est une différence fondamentale, cette double détente. Je pense qu'une femme dirige un pays différemment en raison aussi de cela. Cette notion du temps.

Voilà une différence essentielle que je perçois enfin. Mais, pour une femme en politique, quel est selon vous le handicap le plus puissant ?

La non-acceptation du leadership. C'est profond, si profond et si inconscient, le machisme. Même les hommes les plus ouverts, ou qui se vivent comme tels, ne le réalisent pas. Par exemple, lors d'une grande réunion, l'un de mes soutiens a fait un discours enflammé... Pas une seule fois, vous m'entendez bien, pas une seule fois il ne m'a citée. Pourtant c'est un fidèle. Loyal. Je compte sur lui. Il a fait un très bon discours mais il n'a même pas songé à me citer, moi qui suis censée être le leader. C'est un oubli, en fait, c'est un refoulement.

Vous le lui avez dit?

Non, je ne le lui ai pas dit parce que je ne voulais pas le vexer. Mais j'étais soufflée. Je pense qu'ils acceptent le leadership d'une femme contraints et forcés… Ça n'est pas facile d'être au service d'une femme. Quand seule la politique nous unit. Il faut qu'ils purgent aussi leur trouble. C'est toujours la même histoire. Sarko a dix aboyeurs autour de lui et, même lorsqu'il dit l'amorce d'une idiotie, il y a dix types qui sortent d'on ne sait où pour chanter ses louanges, c'est merveilleux, il est extraordinaire. Moi, je dis deux phrases sur Betancourt, et c'est quasiment le désert des Tartares. La peur, probablement, la peur de perdre, la peur… pas un seul. Sur la mise à sac de mon appartement, c'est encore plus dingue. Imaginez que ce soit arrivé à un homme, Delanoë ou même Bayrou, eh bien je suis certaine que l'info aurait été traitée autrement. Inconsciemment. Il y a une dimension féminine. Violée et coupable, elle l'a bien cherché. J'ai repéré deux titres dans la presse qui étaient de ce tonneau-là. En gros, l'esprit c'était: Qu'elle ne nous ennuie pas. Elle, c'est une parano… ç'aurait été un homme, le sujet aurait été traité différemment. On se serait interrogé différemment. Mais c'est vrai que François Rebsamen a très bien réagi. Et quelques autres. Voilà où en est ma réflexion. Je me dis tout simplement: « Est-ce que je serai encore capable de revivre ça, d'encaisser ça. » Bien sûr, avec l'expérience, je me ferai moins ratatiner, je serai moins assujetti, mais… De toute façon, ils n'attendent que ça, que j'arrête.

Et vous êtes sur le point de le faire ?

Non, je ne dis pas ça. Vous êtes journaliste, Françoise. Imaginez ce que pourrait être pour vous ce type de déclaration dans la chaleur de l'été. Je ne dis pas ça. Je réfléchis au chemin qu'il faut prendre. Je ne discerne pas encore ce chemin. Tout est confus. Je crois que j'ai peur de me faire imposer un choix qui ne serait pas viscéralement le mien. Et ça n'est pas parce qu'ils n'attendent que ça que je ne vais pas leur faire le plaisir de leur donner ce qu'ils attendent. Je veux même être libre de ça. Et je ne veux pas faire souffrir mon entourage. Pour un entourage, c'est le genre de décision terrible. Vous vous sentez responsable à leur égard. Ils sont impliqués eux-mêmes. Même si je change de trajectoire parce que je pense que le timing est important et que la bataille de chiffonniers n'est pas ce qu'on fait de mieux pour gagner en 2012, tous se disent que je dois aller jusqu'au bout de ce congrès puisqu'ils ont besoin, eux, de ce combat, ce *mano a mano*, c'est la logique arithmétique de la politique. Un pas de recul serait incompréhensible et inacceptable pour eux. Et pourtant je veux penser au-delà de ça aussi, garder ma liberté…

Lâcher prise.

Exactement, ouvrir tous les possibles. Mais je sens bien que le risque, c'est d'aliéner ma liberté pour les protéger… par gentillesse encore. Je me mets des œillères, je continue en pensant : « Les pauvres, qu'est-ce qu'ils vont faire si je change de tempo, si je considère qu'il faut garder ses forces et ne pas se mêler ou si peu du congrès ? »

Par calcul aussi... aucun lieutenant ne peut suivre ad vitam aeternam *quelqu'un qui donne le sentiment d'avancer et de marcher ensuite de côté...*

Vous pensez que je donne ce sentiment ?

Je pense surtout que vous ne voulez pas aller dans la bataille du congrès par peur et par dégoût. Je pense que ce qui vous sépare des éléphants est irréparable mais que vous ne voulez pas faire l'effort, cet effort. C'est comme une excellente élève en maths, plus faible en latin, qui ne travaillerait que sa matière forte, les maths, en négligeant sa faiblesse, le latin...

Vous pensez que c'est par lâcheté que je ne veux pas me mêler à tout ça...

Non, pas par lâcheté, plutôt par dégoût, par réflexe pavlovien, à la manière d'un fer rouge. Parce que ça n'est jamais facile d'affronter des gens dont on se dit qu'ils vous rejettent en bloc. En plus, vous considérez encore qu'ils sont la cause principale de votre défaite. Et puis le privé et le public sont tellement noués dans cette histoire. Ça donne ce drôle de ballet, étonnant, dérangeant, à tous les conseils nationaux où vous êtes tous les deux, vous et François. Assis ou pas à côté, en face, salut amical ou distance glaciale. C'est presque gênant d'observer cela, gênant pour vous, je veux dire. Pas pour nous parce que ça n'est pas notre histoire, mais nous sommes les voyeurs involontaires de cela. Un couple privé et politique qui se fracasse en public. C'est très compliqué.

Tout est dit (*elle se renfrogne*)... Je veux être dans la vérité. La vérité, vous comprenez ? La vérité, c'est ce qui permet d'être vraiment libre et totalement lucide. Ne pas avoir une vision déformée de soi-même et des autres. Ne pas se voir plus beau que l'on n'est. Plus laid non plus. Une juste évaluation pour une juste décision.

Pour en revenir à vos doutes, vous pensez que vous pouvez faire l'impasse sur le congrès ?

Je ne sais pas. De toute façon, je ne suis pas dans la même situation que mes alliés potentiels. Quoi qu'ils en disent, eux, ils ne peuvent pas faire sans moi, en ce sens que je suis encore un très bon produit d'appel, l'appartement témoin, un joli prospectus, vous voyez ce que je veux dire ? Mais moi je peux faire sans eux. J'ai besoin d'être à ma place. Où est ma place ? Je peux vivre largement, faire des conférences, maintenir mon équipe. Je suis invitée dans le monde entier, je peux écrire, voyager, influencer. Mais dois-je repartir dans la mêlée ? Pourrais-je vivre sans cette mêlée ? Ce parti dont quelques dirigeants me détestent mais dont je suis membre depuis si longtemps. En fait, je crois bien que j'ai du chagrin en ce moment… Et envie de rire aussi quand je vois comment le rassemblement de la fraternité leur donne de l'urticaire. Ils se disent encore : « Quel culot, comment elle ose ! » Et si vous saviez comme c'est fatigant d'être toujours en butte à cela. J'avais envie de ce rassemblement. L'an dernier, le parti avait dit non. Voilà, je le finance avec une souscription. On va remplir le Zénith. On va faire une vraie fête. J'ai envie que les gens chantent ensemble. J'écoutais Roberto Alagna parler l'autre jour. Il était aux Chorégies d'Orange. Il évoquait la force du chant collectif. Dans la vie des gens, dans la religion, dans le sport. Le chant pour trouver une vraie cohésion. C'est vrai qu'on chante peu en France, ensemble, je veux dire. J'ai envie qu'on chante ensemble. Ce chant qui vient du cœur. Un chœur des cœurs !

Madame est poète…

(*Rires…*) Madame veut mettre de la joie dans la grisaille.

La négresse blanche, c'est une définition qui vous convient ?

Oui. Je suis bien en Afrique. Je me sens africaine. Je n'ai aucun souvenir du Sénégal où je suis née et où j'ai vécu jusqu'à l'âge de deux ans. Aucun souvenir conscient bien sûr, mais tout est imprimé, je pense, la chaleur, les odeurs surtout, la douceur, les voix. Je me sens chez moi, en Afrique. Je me souviens que lorsque nous y sommes allés, pendant la primaire, en septembre 2006, j'ai retrouvé les odeurs. Rien ne me gênait, pas même la viande couverte de mouches dans le petit marché à Dakar…

Ah oui, je m'en souviens de ce petit marché. Nous pataugions dans la boue et dans la moiteur. Trente-cinq degrés, de la boue et des mouches. Toutes les trois heures, notre ami de RFI, Florent Guignard, devait courir faire un sujet. Ilana aussi pour France Info. On s'installait comme on pouvait. Sous le préau de votre école. Et même dans le cimetière quand le marabout a invoqué les esprits pour vous. Vous vous en souvenez ?

Parfaitement, c'était avant ma rencontre avec le président Wade. C'était totalement surréaliste, cet homme avec sa peau de léopard, ses gris-gris, qui invoquait les esprits pour ma victoire. Ça a marché pour la primaire, un peu moins pour la présidentielle. Le marabout de Sarko devait être plus fort (*rires*)…

Pendant trois jours, on s'installait où on pouvait. Myriam Levy, grande spécialiste de l'Afrique, nous disait ce qu'on pouvait manger ou pas. C'était un joyeux bordel, comme cette primaire. De la bricole permanente.

Et pourtant j'ai fait jackpot. Cette armée de journalistes... mon Dieu, je ne sais toujours pas comment on n'en a pas perdu en cours de route pendant ces six mois de primaire ! On s'est bien marrés, quand j'y repense !

En tout cas, en Afrique, dans la boue, dans la savane, dans le petit marché avec les grosses mouches, vous étiez comme un poisson dans l'eau, en sandalettes. Et Jeff Wittenberg, de France 2, se demandait toujours : « Mais comment c'est possible, elle ne transpire pas. Pas une goutte de sueur ! »

Ça c'est le grand mystère, hein ? J'ai de la chance, c'est tout. Mais oui, j'ai ce lien viscéral à l'Afrique. Dès que j'y pose un pied, je sens vraiment du bien-être en moi. Le corps qui doit se remettre à la bonne température... Ce voyage était fort pour moi. J'ai rencontré une mère qui avait perdu son fils, essayant de s'enfuir pour l'Europe sur une embarcation de fortune. J'ai aimé ce moment avec cette femme, même s'il y avait trop de caméras. Je l'ai serrée dans mes bras. Je voulais lui transmettre de la force et peut-être aussi en prendre. Je ne sais pas, mais en Afrique je sens que les esprits nous protègent. Vous comprenez ce que je veux dire ? Les forces de la vie, de la nature, elles sont là, on les sent. Elles nous protègent. Je pense souvent à l'Afrique. À titre personnel et à titre politique. Je crois au codéveloppement harmonieux, pour ne plus voir cette maman perdre son enfant parce qu'il veut fuir la misère. Je crois aussi beaucoup à la coopération euroméditerranéenne. La garantie de la paix et de la sécurité de l'Europe au nord de la Méditerranée est plus que jamais liée au développement des pays au sud et à l'est de la Méditerranée. Mais en aucun cas, je dis bien en aucun, basé sur le libre-échange. Encore ce codéveloppement où chaque partenaire se respecte. Par des investissements dans les pays du Sud, un recyclage de la dette, des échanges sociaux aussi et naturellement culturels. Je suis allée au Maroc, il y a quelques semaines. À Oujda. Là encore, l'Afrique du Nord bouge, cherche ses solutions, il faut l'aider à les trouver. Nous avons une dette morale à l'égard du Maghreb et nous avons surtout le devoir de faire le lien, pour ces générations d'enfants d'immigrés qui attendent eux aussi, dans les quartiers, la concrétisation de cette France métissée qui a été l'une des valeurs les plus fortes de ma campagne. Je le dis, tout se tient vraiment. La France métissée, c'est la France d'aujourd'hui. Et elle n'apparaît quasiment pas sur les écrans radars. Je veux dire par là que la représentation nationale, par exemple, est d'une indigence crasse dans ce domaine.

Oui, c'est généralement homme blanc, la cinquantaine.

C'est d'ailleurs assez sinistre. La chair est triste ! (*Rires.*) Dans le nouveau parti socialiste, je veux faire émerger aussi cette génération qui bouillonne d'idées. Vous connaissez Kamel Chibli et Brahim Abou ?

Bien sûr, ce sont vos piliers dans les quartiers…

Ils sont extraordinaires. De passion, d'engagement et d'intelligence politique. Ils devraient déjà être élus. La France a besoin de cette jeunesse métissée, qui porte en elle d'autres références, une autre sensibilité au monde. Ce sera l'un de mes combats dans les années à venir. Pour en revenir au Sénégal à l'automne 2006, j'ai aimé ce voyage. D'autant plus que lorsque nous avons atterri à Roissy, au petit matin du retour, Lionel Jospin venait de déclarer sur RTL qu'il renonçait à briguer l'investiture socialiste. J'ai appelé ça le miracle de Dakar ! (*Rires.*)

Entre vous, décidément, c'est l'amour vache !

Non, je pense plutôt que c'est en fait une incompréhension profonde de deux mondes. Son univers que j'imagine très intellectuel, très rigoureux, très cadré, et le mien qui est beaucoup plus bohème. Au fond, il est le patriarche…

Qui ne vous reconnaît pas.

Oui, qui ne m'admettra jamais dans la famille. J'ai appris qu'un jour, Martine, Dominique Voynet et moi, ils nous avaient qualifiées de femelles dominantes de son gouvernement. C'était en 2005. Quelle drôle d'appellation pour des femmes. Femelles dominantes.

Mais vous savez, Jospin n'est tendre avec personne, même pas avec ses amis. Bertrand Delanoë s'en amuse aujourd'hui mais il a beaucoup souffert de la dureté amicale de Jospin qui ne lui a fait aucun cadeau. Jamais.

J'ignorais pour Bertrand Delanoë. Pourtant c'est un de ses meilleurs amis. Mais ça n'a pas d'importance… Mystère, mystère.

Négresse blanche aussi aux Antilles… Là, les souvenirs sont vivaces.

Aux Antilles, c'est différent. J'aime la Martinique, j'y ai vécu. Dans une grande maison. C'est une belle image du bonheur pour moi. J'aime les Antilles, vraiment, cette gaieté, du soir au matin, ces gens, la beauté des peaux, des corps, la douceur de l'eau. Je ne me sens pas blanche là-bas… comment vous dire… je me sens antillaise. Je garde un souvenir vivant, presque olfactif des jardins de Balata, à Fort-de-France. Tout cela m'a marquée, au plus profond de moi. C'est encore un tiroir secret qu'il m'arrive d'ouvrir les jours de grand froid. Moral ou physique. J'y reviens toujours, j'y ai fait mon stage à l'Ena. Et cette joie, profonde, malgré les soucis, la dureté de la vie. J'aime les Antillais. Je n'aurais raté pour rien au monde l'enterrement d'Aimé Césaire, qui m'avait tout donné avec son parrainage à la présidentielle. Pas pour faire ma promo mais par simple respect pour lui. Quand j'ai vu l'alignement des gens de droite à cette cérémonie, à commencer par Nicolas Sarkozy, quand vous pensez à ce que cette droite a fait subir à Césaire et aux Antilles, coupant toutes les subventions de l'État à Fort-de-France, avec des quartiers populaires dans la misère, vous vous dites que les Antillais sont d'une rare élégance. Cela dit, Césaire était une grande âme qui savait pardonner sans oublier non plus le passé.

Pendant la campagne, vous avez retrouvé le créole de votre enfance…

Oui, je le parle un peu. Je dansais mieux la biguine petite que je ne parlais le créole, mais tout le monde autour de moi le parlait. C'est normal, je l'ai entendu enfant, tout le temps. J'aime la dignité des Antillais, leur fierté. Femme debout, homme debout. Debout. C'est un bel adjectif, non ?... Ces souvenirs m'ont permis de tenir quand c'était plus dur, dans les Vosges. À notre retour. Je me souvenais des Antilles. Mais je crois que les odeurs, les premières impressions marquent à jamais les nourrissons. Toute une vie. Quand on met des enfants au monde, on ne se dit pas forcément : « Mais quel son, quel bruit je leur transmets. » Et pourtant, c'est ce qui va les marquer pendant ces premières secondes de vie terrestre. Je me demande si on n'est pas un peu trop négligents dans ce domaine.

Vous parliez à vos enfants pendant votre grossesse ?

Comme beaucoup de femmes, j'avais une relation intime avec eux. Je riais, je les traitais comme des bébés déjà nés, mais je n'ai jamais été comme ces mamans baba cool qui font écouter le chant des baleines ou Mozart... les écouteurs sur le ventre, « tiens, chéri, tu seras Mozart » (*elle hurle de rire*). J'étais une mère classique avec un lien intime mais très classique avec ses bébés. Je regrette des choses avec eux, mais il n'est pas trop tard. Finalement, ils ont grandi dans un environnement assez artificiel... Boulogne, le petit jardin de la maison. Regardez Mougins, c'est beau mais c'est artificiel en fait. Je ne leur ai pas transmis la nature sauvage... sauf à Melle quand je pouvais les amener. Je le fais maintenant, dès que je peux.

Décidément, c'est votre rêve, la sauvageonne...

(*Rires...*) Oui, j'ai un besoin de sauvageonne. Que voulez-vous. Je viens du XIXe siècle et je réfléchis pour le XXIe. C'est normal que je balance…

Encore le XIXe siècle… étrange référence.

Oui, la vie rude à la campagne. Mon grand-père paternel était fils d'ouvriers agricoles, d'une famille de treize enfants. Il a eu, lui aussi, huit enfants comme mes parents. Il était le seul à avoir fait des études. Mon père, son fils, lui, est le seul à ne pas en avoir fait parce qu'il s'est engagé dans l'armée, un engagement courageux. Il en a gardé toute sa vie un sentiment d'injustice. Ma mère était issue de la bourgeoisie nancéenne. C'était étrange, ce mélange. Paysans, militaires et bourgeois. Un tableau de Balzac !

On dit souvent que les hommes, les femmes de pouvoir sont extrêmement narcissiques. Vous êtes narcissique ?

Oui, certainement. Sans narcissisme, comment se tenir devant des salles de dix mille personnes ? Vous imaginez quels efforts j'ai faits sur moi ? Je suis timide, vraiment timide, et je dois dire qu'au début de la primaire, lorsque les gens commençaient à se presser aux meetings, à déborder d'enthousiasme, je dois dire que j'étais très troublée. À dire vrai, je voudrais être moins exposée. Je voudrais faire relâche. Ma popularité n'est pas un poids mais, contrairement à ce que j'entends ici ou là, je ne suis pas dans cette addiction-là. Ça me fait du bien de croiser des gens, les regards pleins de gentillesse des gens, mais je voudrais vraiment être moins exposée. Est-ce que c'est possible ? Est-ce que tout ça n'est pas en fait le prix à payer ? En fait, je ne veux pas mourir pour rien.

Mourir, prix à payer… voilà des propos bien sombres pour une belle journée d'été. J'ai le sentiment que tout ce qui vous ramène au parti socialiste et à la présidentielle vous plonge encore dans des angoisses profondes.

Oui, je n'ai peut-être pas réglé au fond. Après son deuxième échec à la présidentielle, Jacques Chirac a fait une profonde dépression nerveuse. François Mitterrand aussi était très accablé, très abattu. Il raconte ça très bien, le coin de ciel bleu comme un clin d'œil et il repart au combat. Nicolas Sarkozy a connu lui aussi une période terrible de doute, après 1995. Pire encore en 1999 quand il perd les européennes. Tout cela est très difficile à surmonter. Il y a des paliers à respecter. Il n'y a rien d'extraordinaire à cela. D'autant que je ne me suis pas arrêtée une seconde. Mais je veux être une femme heureuse et, si je dois aller à l'Élysée, je veux y aller avec toutes les conditions réunies. Plus de bric et de broc. Je ne veux plus d'entourloupe, je ne sacrifierai pas mes jours, mes nuits pour une conquête contre eux…

Eux, encore eux, les éléphants…

Mais c'est très grave parce qu'ils continuent. Ils ne s'arrêteront jamais. Leur psychologie est très simple en fait. Elle est liée à la conception profonde qu'ils ont de la politique. Ils pensent très basiquement : Je suis mâle, je suis dans le cursus, j'ai fait les bonnes études, j'ai tous les mérites, je suis l'homme qu'il faut. C'est une conception patrimoniale et possessive de la politique, comme le capitalisme des héritiers. La possession personnelle d'un pouvoir qui leur serait dû. La primaire a été pour eux un rapt profond qu'ils ne surmonteront jamais. S'ils étaient vraiment sages ils se diraient qu'ils ne sont, que nous ne sommes que des passagers de la politique et que, puisque j'ai été choisie par les militants, puis par le peuple, ils doivent me suivre.

C'est-à-dire ?

(*Elle explose.*) Aucun n'a dit de bien de la candidate, il n'y a pas eu de mot d'ordre contre Besson. Toutes ces phrases qu'ils auraient pu lâcher, ils ne l'ont jamais fait, pas plus François Hollande que les autres. Ils m'ont laissée seule parce qu'ils ne supportaient pas d'avoir été battus à la régulière par l'illégitime, la bonniche, la stupide. Ils se sont vengés, inconsciemment et consciemment... J'ai attendu, j'ai patienté, rien n'est venu. Ils ont été incapables de se maîtriser dans la bataille principale. C'est encore plus vrai aujourd'hui. Vous savez commet ils raisonnent ? Très basiquement. Ils se disent que de toute façon Sarkozy s'écroulera et qu'ils ramasseront les fruits. La décomposition du PS, au fond, ils s'en moquent, ils pensent que de toute façon ils gagneront au prochain coup. Ils pensent que l'agonie sera tellement lente qu'ils ramasseront inévitablement la mise. Moi, je leur pose un problème parce que je vois clair dans leur jeu, je dis les choses clairement, je n'ai pas besoin d'aide, je trace avec une équipe que je soude. Ils n'ont pas de prise sur moi et ne peuvent exercer aucun chantage. Si, à un moment donné, ils ne mettent pas un genou à terre pour dire « cessez-le-feu », on ne s'en sortira jamais. Moi, je suis très claire. S'il y en a un de meilleur que moi, qu'il y aille, je ferai même sa campagne en 2012. Mais pardon, pour le moment, je ne vois pas. J'aime cet argument stupide qui consiste à me dire : « Ségolène, protège-toi, le parti détruit toujours celui qui le dirige… » Eh bien soit ! qu'il me détruise. Puisque je suis nulle de chez nulle. Parce que c'est bien ça, non ? Je suis nulle de chez nulle. La bonne aubaine, le parti qui me détruit… mais non, évidemment, c'est un argument spécieux, abject. La vérité, c'est qu'on ne peut pas prendre le risque. On ne sait jamais… si on prenait le risque que le parti ait 700 000 adhérents, qu'on ouvre les grilles de Solférino, qu'on fasse revenir les artistes et les intellectuels, qu'on se remette à réfléchir joyeusement à la politique. Mon dieu, quelle horreur, cette femme est dangereuse, c'est une sorcière… Surtout pas elle… on ne sera plus chez nous (*rires*). Le non-cumul des mandats, je l'ai mis dans ma contribution, quitte à déplaire. Je suis claire. Maintenant, mon problème, c'est l'espace médiatique, pour dire ma vérité. Est-ce qu'Internet suffira ? Je ne le crois pas. C'est ce qui m'inquiète le plus. Ce verrouillage dans le moindre détail, cette complaisance, cette propagande… Finalement de Gaulle avait réussi aussi cela. C'est l'apanage de la droite. Je dois trouver des espaces pour dire ma vérité.

C'est dur de jeter la rancune à la rivière ?

En apparence, parce que, en réalité, je ne sais pas haïr, je n'y arrive pas. Il y a toujours un moment où je suis dans l'excuse de l'autre, même l'excuse un peu bêtasse. Je dois me protéger de ça aussi. Maintenant j'apprends à être moins complaisante mais j'ai eu beaucoup trop de complaisance. Maintenant je zappe plus vite.

C'est étonnant, d'ailleurs, parce que vous êtes plus complaisante avec les hommes qu'avec les femmes.

C'est normal d'abord parce que les hommes se vexent plus facilement, ensuite parce que c'est déjà très dur pour eux d'être sous la houlette d'une femme. Et qu'ils se font chambrer chaque fois que j'ouvre la bouche. Je sais bien ce qu'ils subissent avec leurs copains socialistes, mes soutiens masculins. Ça n'est pas simple. Sans parler des accusations permanentes de *love affair* avec moi. D'ailleurs, c'est bien simple, il suffit qu'un homme me soutienne pour qu'il soit accusé d'être soit amoureux soit carrément mon amant. J'ai eu un nombre incalculable d'amants virtuels. Non, ça n'est pas simple pour eux. C'est vrai que je les ménage plus que les filles qui sont plus solides, plus directes. On se parle direct entre nanas, non ?

Oui, il n'y a qu'à voir comment on se parle vous et moi, mais je vous trouve quand même assez rude.

Ah bon, parce que vous, non ?

OK, on arrête là le combat. C'est inutile pour avancer.

Pour en revenir aux hommes qui m'entourent, je connais la stratégie d'encerclement de Sarkozy. Je suis persuadée qu'il appelle certains d'entre eux, ou qu'il les fait contacter. Qu'il joue, que la droite joue, avec le PS, sur leur « mâlitude », attention, vous allez être fragilisé si vous continuez avec elle. Elle, c'est moi. Je fais animatrice, coordinatrice, chef d'équipe, maman, stratège, mère tape-dur… j'en ai un peu marre. Je ne veux pas me détruire pour le pouvoir. Je ne repartirai pas toute seule le nez au vent, la fleur au fusil. Je ne veux pas me détruire.

J'arrive assez mal à cerner votre état d'esprit...

On a dit qu'on faisait un livre vérité. Donc c'est un livre vérité. Voilà, c'est simple. Les gens ne savent pas ce qu'il y a dans la tête d'une femme ou d'un homme politique. Eh bien voilà, je le dis et je me rends compte du risque que cela représente. Si j'avais voulu faire une opération de com, les questions et les réponses auraient été écrites par un communicant. Ça n'est pas le cas. Je crois que l'histoire n'est pas finie. Si je prends au final la décision d'aller au congrès dans les règles de l'art, ils me battront et je veux qu'ils me battent. Je veux qu'ils prennent la responsabilité de battre leur candidate à la présidentielle. Je veux qu'ils assument jusqu'au bout, qu'ils me mettent dans la minorité. Je prends date. Ça me donnera une liberté supplémentaire. Qu'ils osent le faire. Qu'ils le fassent. Qu'ils montrent leur vrai visage. Perdre le congrès n'est pas un problème, ce qui serait un problème, si je décide de me lancer dans la bagarre, ce serait de ne pas être candidate. Qu'ils me battent, qu'ils montrent leur vrai visage. Les mêmes, toujours les mêmes, derrière les tentures ! Le poison est entré si violemment dans ce parti. Et, eurêka ! ils ont trouvé une femme pour battre une autre femme. Avec l'idée que nous nous battrons au sang et qu'eux pourront ramasser la mise en 2012. C'est de l'inconscience à l'état pur, c'est de l'irresponsabilité, c'est une forme de perversion absolue. Mais ça ne sert à rien de le dire. Ils ne l'entendent pas parce qu'ils sont sûrs et certains d'avoir raison. Ils veulent faire du Royal sans Royal. Vous pariez combien que dans un an ils ne parleront que de démocratie participative et d'adhésions à bas prix ? Comme ils n'ont parlé que de nation, d'État et de discipline. Je ne sacrifierai pas mes jours et mes nuits pour tenter de survivre dans un magma majoritaire. Et pendant ce temps, les Français vont souffrir… Mais ils s'en foutent éperdument, ils ne pensent qu'à eux, à ce processus de congrès stupide. Ah, le beau résultat, le joli résultat ! Je ne rentrerai pas là-dedans, je ne m'abîmerai pas, et encore moins l'idée du socialisme du XIXe siècle là-dedans… blablablabla ! Quel gâchis, quelle énergie gaspillée pour rien ! De toute façon, j'attends mon heure. Celui qui provoque la crise est généralement la principale victime de cette crise. L'histoire est remplie de leaders qui ont tout changé et tout perdu. Regardez Gorbatchev. Il faut attendre que le mur de Berlin s'écroule. Sans en être à l'origine. Comme ça, ils ne me tueront pas avec un parpaing du mur.

Et nous revoilà dans la mort. Lugubre.

Parce que la politique c'est cela, un amoncellement de meurtres symboliques, plus ou moins violents. Vous disiez l'autre jour que dans le journalisme, survivre était un job à plein-temps. En politique aussi, il faut survivre. On meurt plusieurs fois et l'on renaît. Chaque fois plus fort. Encore une fois, je ne leur laisserai pas le plaisir de me balancer dans la figure un parpaing du mur qu'ils ont eux-mêmes construit. Qu'il s'écroule, ce mur. Moi, j'aurai fait toutes les propositions pour le renouveau.

Vous y pensez en fait continuellement depuis le début de l'été ? Vous ne débranchez pas ?

Si… avec mes amis et en faisant la cuisine !

Eh bien voilà ! Ségolène Royal fait la cuisine ! Une parfaite femme d'intérieur ! Ils ont raison les éléphants !

Et voilà la provoc ! Bien sûr que je cuisine. J'adore cuisiner. J'adore le travail manuel, en fait. Ça me détend. Lorsque Flora était petite, j'aimais bien lui fabriquer en été des vêtements pour sa poupée Barbie. J'aime bien jardiner, j'aime cuisiner. J'ai eu une vie avant la présidentielle, vous savez. Et j'ai une vie après. Ça raccroche. En fait, en été, c'est le temps pour moi. Le temps de lire par exemple. J'adore lire mais je n'ai jamais le temps, je suis sans cesse interrompue pendant l'année.

Vous lisez quoi ?

En ce moment, *La Princesse de Clèves*. J'ai repris ce roman qu'on étudie beaucoup trop tôt. En troisième, je crois. C'est difficile de tout saisir à cet âge-là.

Encore une histoire d'amour qui finit mal. Décidément, vous êtes fichtrement romantique vous, tendance allemande du XIXe.

Et à part ça, docteur, vous avez un point de vue sur le fait que j'écoute le dernier Bashung que je trouve splendide ?

Vous avez bon goût !

(*Rires…*) Écoutez, *La Princesse de Clèves*, c'est une écriture somptueuse, voilà, c'est tout. Cette histoire est magnifique, déchirante. Sinon, j'aime la poésie, Nerval. J'ai relu *Les Filles du feu*. Et puis *Adolphe*, de Benjamin Constant. Quelle psychologie. Je me régale. Et je dévore aussi Jodorowsky. Ça fait un bien fou, vous savez…

Vous avez des goûts très éclectiques…

Oui, j'aime aussi passionnément Victor Hugo. La poésie, les écrits politiques… et Kerouac… ça doit être mon côté aventurière… En cinéma, je suis aussi très bon public. Ce que je déteste, c'est le cinéma prétentieux. Vous voyez, le verbiage.

*Il y a d'ailleurs du neuf dans votre bureau… l'affiche d'*Un tramway nommé désir.

Qu'est-ce que je n'ai pas entendu sur cette affiche. C'est Dominique Besnehard qui me l'a offerte. Mon entourage me disait : « Mais non, tu ne peux pas mettre ça au-dessus de ton bureau. C'est trop… »

Trop sensuel, trop érotique ?

Voilà, trop suggestif. Et alors ?

Encore très gai comme histoire d'amour. Mais Brando est sublime.

Oui.

En fait vous êtes extrêmement basique mais aussi parfois sophistiquée. Être capable de s'enthousiasmer pour Disco *avec Emmanuelle Béart, que vous aimez beaucoup je crois.*

Oui, j'aime beaucoup Emmanuelle. Elle fait partie de ces femmes… comment dire… ces femmes bien. Comme Fred

Vargas. Droite, intègre, c'est vraiment quelqu'un de bien dont je lis les romans avec plaisir. Le dernier est dans ma valise.

Vous êtes donc extrêmement basique mais capable aussi de disserter sur la poésie pendant des heures. Ce que je veux dire par là c'est que vous êtes double… terre à terre et sophistiquée, parfois archaïque, vieille France et toujours à la recherche de ce qui est nouveau, popu mais parfois d'un raffinement étonnant. Double, et c'est pareil dans votre discours politique, dans votre façon d'aborder les problèmes. Cette dualité-là est totalement déconcertante, y compris dans votre rapport aux autres. Chaleureuse à l'extrême et l'instant d'après, indifférente.

Vous êtes en train de dire que je suis lunatique, c'est ça ?

Non, plutôt multiple…

Je vais vous faire une réponse qui vous paraîtra tarabiscotée mais je crois que la clé de cette apparente contradiction est que je suis profondément écologiste…

Je ne comprends pas le sens… pardon…

L'écologie, c'est l'alliage de la rusticité et de la sophistication, de l'infiniment petit et de l'infiniment grand, du rythme millénaire de la terre et de la connaissance la plus high tech, la plus innovante. Quelle matière, dites-moi un peu, requiert le concours de la biologie, de la chimie, des mathématiques, de la philosophie et même, au bout du bout, de la métaphysique ? Quelle question fait entrer en jeu l'infiniment grand et l'infiniment petit ? Dites-moi ? L'écologie. Cette fusion-là est totalement naturelle pour moi. Entre le

XIXe siècle et le XXIe, entre la pie que je vous montrais tout à l'heure et le papillon qu'on voit en ce moment sur les bosquets. Ce papillon qui volette sur les fleurs, c'est un très bon signe. Ça veut dire qu'il n'y a pas de pesticide dans ce jardin; ces pesticides qui provoquent de plus en plus le cancer du sein chez les femmes. Là, sous vos yeux, il y a un équilibre écologique qui existe entre vous et moi en train de parler du monde, de la vie, des êtres humains, de géopolitique et ce papillon qui volette sur mes citronniers non traités. Mais tout cela, cet instant est fragile, il peut disparaître si l'on n'y prend pas garde, si l'on ne se bat pas, si l'on n'adopte pas une attitude ouverte qui comprenne que tout se tient... Moi, vous, ce papillon et la mer qu'on voit à l'horizon. Ça n'a pas de valeur, un papillon, ça n'a pas de prix. La vie humaine n'a pas de prix. Un bon dirigeant, c'est quelqu'un qui a intégré profondément en lui cette idée, presque fixe: rien n'a plus d'importance que la vie. Vous savez à quel point j'aime Victor Hugo. Peu de gens ont écrit aussi bien, de mon point de vue, sur ce qui relie l'homme à l'univers. Sur la nécessité vitale écologiste.

Dans *Les Contemplations*, il écrit cette phrase éblouissante. «Tout parle. Tout dit dans l'infini quelque chose à quelqu'un. Et sais-tu pourquoi tout parle? C'est que vents, ondes, flammes, arbres, roseaux, rochers... tout vit.» Il n'y a rien de faible ou de mièvre à vouloir tout accorder. Je pense que c'est même la clé, ce nouvel humanisme qui alliera l'être humain, l'environnement et l'économie. Je pense beaucoup à tout cela en ce moment. C'est vrai que les vacances sont propices à cela. Je pense beaucoup au moyen de faire coller ensemble tout cela. C'est comme un enfant qui va naître.

Qui se développe dans le ventre de sa mère. Ce nouveau monde, il est là, prêt à sortir, prêt à ce qu'on le voie, qu'on l'aide à jaillir. Je suis persuadée que nous devons penser ainsi désormais. Dans le bon sens : priorité à l'être humain et à son environnement. Mais c'est difficile de remettre à l'endroit un système qui marche sur les mains. De casser l'engrenage. Parfois, c'est l'engrenage qui vous broie.

Vous pensez que vous allez être broyée ?

Je ne sais pas si j'ai la force de repartir à l'assaut de la forteresse des idées reçues. Je le saurai à la fin de l'été. Ou plus tard. Quand j'aurai fini de réfléchir. Ici, pour moi, ces quelques semaines de vacances avec mes enfants, c'est une forme de retraite intérieure, vous comprenez ? J'en ai besoin. Tout le monde se moque de mon côté catho, mais ça n'a rien à voir avec le catholicisme ! Il faut réfléchir, laisser vagabonder ses pensées, les accepter pour ce qu'elles sont, tristes, inquiètes ou euphoriques. Je vais disséquer, triturer, et un matin j'aurai pris ma décision. Pour le moment, je cherche.

Colère noire

Angoulême, le 27 août 2008

Le film lui a modérément plu. Lorsque Ségolène Royal aime, elle le dit, sans car, sans si, sans mais, sans peut-être. « C'est extraordinaire, non ? » conclut-elle généralement en écarquillant les yeux. Pas cette fois. Son ami Dominique Besnehard l'a invitée ce soir à l'ouverture du premier festival du Film français. Deux bonnes raisons d'être là. Elle est présidente de la Région Poitou-Charentes et elle est l'amie du producteur. Peut-être aussi une troisième raison. Tout l'été, Ségolène Royal a gambergé. À Mougins, en Martinique et, pour finir, quelques jours discrets en Bretagne. Alternant la lecture, les parties acharnées de tennis et le jogging. Un véritable entraînement. Pour retrouver son poids, pour canaliser aussi l'énergie, pour se défouler, pour tenter de mettre de l'ordre dans une vie politique et personnelle en pleine mutation. Et puis il y a les quelques sorties en bateau à moteur avec les enfants. Le bateau. Un plaisir rare. Elle a passé son permis sur la Seine, il y a longtemps. Elle aime piloter ces engins. C'est assez cocasse d'ailleurs de voir la transformation même physique. À la barre d'un dinghy ou d'un chalutier, comme elle s'amusera à le faire pour les photographes lors de la campagne des législatives à La Rochelle, à la barre, Ségolène Royal change et montre un autre aspect de sa vraie nature. On est loin des tailleurs chics ou des talons aiguilles. Un vrai loup de mer, poigne de fer… maîtrise de tout. Mais les vacances agréables-désagréables sont terminées. Angoulême devient le sas de sécurité indispensable, un palier avant le grand plongeon pour l'université de La Rochelle. Même si elle refuse de l'avouer, le rendez-vous lui pèse. Elle a d'ailleurs fait venir son équipe au grand complet pour cette première cinématographique. Sa petite troupe. Ceux sur lesquels elle peut aveuglément compter. Pour se rassurer face à l'hostilité d'un parti appareil qui, de toute façon, veut tourner de quelque manière que ce soit la page Royal, effacer la photo 2007. Elle le sait, mais n'a pas encore tout à fait la force, et probablement pas non plus ni l'humilité, ni l'envie de tendre la main, de tenter à nouveau de séduire ses adversaires, de faire le moindre effort.

Ce soir-là, le film *Faubourg 36* est projeté dans le grand auditorium. Elle arrive, accompagnée de l'incontournable Besnehard. Lui en chapeau de paille, elle en tunique et en pantalon. Bronzée, rayonnante, plus star que présidente de Région et plus évanescente que jamais. Long film, jolie histoire. À la sortie, le jugement tombe. « Il y avait des longueurs, non ? » avant de replonger le nez dans l'un de ses deux portables et d'envoyer des SMS sur l'un en écoutant le répondeur sur l'autre. Elle est là sans être là. L'entretien prévu va tourner court.

Je vous ai laissée à Mougins en plein doute sur votre avenir politique. Vous ne saviez pas s'il ne fallait pas arrêter. Vous avez réussi à décider ?

Oui. Mais en fait ce ne regarde que moi. Je n'ai pas envie d'en parler.

C'est votre choix… mais comment abordez-vous l'université de La Rochelle ?

Je ne veux pas répondre à ce type de questions. Cessez de me parler de La Rochelle. J'en ai marre de cette décomposition. Je suis ici, je ne suis pas à La Rochelle.

Ce soir-là, Ségolène Royal est dans une colère noire. Ce genre de colère qui s'abat comme un orage dans un ciel d'été et laisse ses interlocuteurs totalement désarçonnés. Plus tard, elle viendra s'excuser, entre deux conversations avec Robert Charlebois, Christophe Baratier, et Line Renaud qui la couvre de louanges. « Elle est fantastique, Ségolène, elle est belle, elle a du cran », s'enthousiasme la chanteuse en discutant avec une productrice de télé. Elle viendra s'excuser mais de façon formelle parce qu'elle est ailleurs. Dans l'angoisse de cette rentrée politique où les sondages montrent jour après jour son décrochage, où le téléphone n'a pas cessé de sonner à Mougins. Jean-Noël Guérini, Julien Dray, Gérard Collomb. Souvent, elle a fait la sourde oreille. « J'arrête ou je continue ? » Question lancinante. Un mois de doute absolu, de torture personnelle, silencieuse au milieu d'adolescents qui comprennent confusément qu'elle ne va pas bien. Un mois à jouer aux dés, à ouvrir des portes dans sa tête… donner des conférences, s'occuper d'international, reconstruire sa vie, changer de maison. Entrecoupé par les dédicaces de son livre, pour retrouver quelques heures son moteur, presque son addiction : ces rencontres avec les gens qui l'aiment et viennent faire signer leur livre. Un mois de questions sans réponse réelle, et déjà il faut y retourner.

La Rochelle 2008 ne restera pas un cru inoubliable pour elle. Une photo d'un déjeuner avec François Hollande. Les deux ont l'air gênés devant l'armada de journalistes conviés à admirer de loin. Un discours d'ouverture très court et un pied de nez, une provoc… la reprise de son « Aimez-vous les uns les autres » de Charléty, complété par « ou bien, disparaissez ! » de Juliette Gréco. Ségolène Royal tombe souvent du côté où elle penche. Un mini-meeting avec ses supporters, un hymne à l'élévation et la spiritualité dans un cloître de la vieille ville. Beaucoup de journalistes s'amusent de cet alliage mystico-politique. Les éléphants socialistes ont des boutons. D'autres, plus pondérés — il y a encore beaucoup d'élus normaux au parti socialiste —, se demandent bien où elle veut en venir. Nulle part. Elle est déjà ailleurs. « Dans la vraie vie », complète-t-elle au téléphone. Comme toujours, l'art de l'esquive. Elle est passée par ici, elle repassera par là. Cette fois, c'est la fête de *L'Unità* à Florence et une pause au bord de l'eau à Piombino, une petite station balnéaire de Toscane. Avec des amis fidèles comme Gaëlle et Andrea, qui est le chef du parti démocrate de Toscane, et de belles balades dans la campagne avec Claudio Martini, le président de la région Toscane. Des amis, du soleil, de l'eau. Et un modèle italien qui s'impose de plus en plus comme sa vérité. Parti de masse, europhile, stratégie souple d'alliances et une ambiance qu'elle imagine d'autant plus festive que les grand-messes socialistes françaises, elles, dégagent jour après jour un entêtant parfum de formol.

Quelques jours plus tard, le 3 septembre, nouveau rendez-vous dans son petit restaurant à Boulogne. Où il est question d'une maison et d'un clou…

Qu'est-ce qu'on mange bien en Italie. Quelle organisation, ces militants italiens ! Même dans la moindre petite fête, ce sont les militants qui font les repas. Vous savez ce que m'expliquait Veltroni ? C'est qu'il y a une vraie compétition sur la cuisine entre les différents stands. C'est à tomber raide. C'est le type d'émulation que j'aime. Une émulation joyeuse, pas malsaine. Une vie de groupe idéale. Qu'est-ce que j'aime l'Italie, décidément.

C'est un pays où vous pourriez vivre ?

À dire vrai, je pourrais vivre dans beaucoup de pays ailleurs qu'en France. J'ai vagabondé dans ma jeunesse. J'ai connu les arrachements. C'est dur de s'arracher quand on est enfant. J'ai des souvenirs très douloureux de ces départs. Notamment des Antilles pour les Vosges. Ce que c'était dur. J'en garde un souvenir glacé. Vous savez, cette impuissance à changer le cours des choses. On subit. Après Fort-de-France, nous aurions dû aller à Madagascar mais des troubles ont éclaté, et finalement nous nous sommes retrouvés à Chamagne. Que c'est dur de s'arracher. Enfin, disons plutôt que c'était. Maintenant ça ne me gêne plus. Je prends les départs et les retours comme des joies. D'aller découvrir et de rentrer. Cela dit, pour une période limitée, oui, je pourrais vivre ailleurs, mais l'Italie me plaît vraiment. J'ai rapporté du fromage. Je garde le goût italien encore un peu…

Donc, vive l'Italie, si j'ai bien compris. Ou plutôt, vive ailleurs où l'herbe est forcément plus verte.

Non, ça n'est pas ça. C'est vrai que je n'étais pas totalement dans mon assiette avant La Rochelle. J'ai passé un été à réfléchir. À peser le pour et le contre sans en parler vraiment avec personne, parce que vous savez bien que dans ce genre de situation tout le monde a un avis, souvent contraire, et le choix ne peut venir que de soi-même. Alors autant réfléchir seule, même si c'est extrêmement pénible parfois.

Avec quelques amis journalistes, nous nous sommes beaucoup amusés de votre entraînement physique cet été. Pas une semaine sans vous voir taper dans une balle, courir avec une grosse montre chrono pour mesurer la perf... Ça n'avait pas l'air d'une mise en scène. Ça faisait d'ailleurs plus « entraînement commando » que jogging sur Beverly Hills pour préparer le prochain rôle...

Oui, je redécouvre les bienfaits du sport. Je me suis vraiment laissée aller, depuis deux ans. Maintenant, ça redémarre. Et comme toujours, je fais tout avec acharnement. D'ailleurs, je réfléchis aux bienfaits de l'esprit sportif dans la politique. Serge Simon va m'aider là-dessus.

Le rugbyman ?

Pas seulement rugbyman. C'est quelqu'un de profond, plein d'humour et qui a gardé une activité de médecin hospitalier. Il travaille notamment sur l'obsession du sport, de la performance sportive, le désir obsessionnel de gagner, qui s'apparente beaucoup au goût de la lutte politique sans merci. Il réfléchit au monde qui nous entoure. Il est assez intéressant de confronter les univers, de les faire se rencontrer. Moi, j'aime ça. On parle beaucoup. Pour travailler sur l'esprit d'équipe. Si possible l'esprit rugby où chacun est solidaire de celui qui porte le ballon. Tout le monde se regroupe et s'entraide quand celui qui porte le ballon est à terre. C'est un sport à la fois très agressif et très humaniste. Tous pour un et un pour tous ! Pour atteindre ensemble l'objectif. J'aime cet esprit mais c'est difficile de l'appliquer à la politique. Dans les mots, c'est assez simple, mais dans les faits c'est beaucoup plus dur. On travaille là-dessus. C'est passionnant. Je ne dis pas que ça ne va pas grincer avec mon équipe politique mais on va essayer.

Finalement, cet été, vous avez réfléchi, vous avez fait du sport et vous avez rencontré le dalaï-lama. C'était certes une rencontre politique mais je ne peux pas imaginer que vous n'en ayez pas déduit autre chose.

Ce qui est totalement paradoxal, c'est d'abord que j'ai senti avant tout son humour. Il m'a accueillie avec des yeux pétillants, pleins de joie, et je me suis dit à cet instant : « C'est fou. Cet homme est en exil depuis des années. Son peuple crève sous la botte chinoise et il trouve encore la ressource d'être joyeux, plein d'espoir. » C'est ça qui m'a frappée. Et puis je me suis dit surtout que j'avais une chance inouïe de le voir pendant près d'une heure, une chance liée à ma fonction politique et que n'avaient pas les millions de Tibétains qui rêvent de le rencontrer même une minute. Je me suis dit que je ne devais pas gâcher cette rencontre. Qu'il fallait vraiment ne pas passer à côté, ni politiquement ni humainement. Ça m'a profondément touchée. Comme une prise de conscience que ce moment-là ne reviendra plus et qu'il faut le vivre totalement. C'est rare, ces instants, vous ne trouvez pas ?

Si, c'est vrai, ce sont des moments de grâce. Assez rares en politique, il faut bien le dire…

Nous étions mutuellement contents de nous voir. J'ai

aimé son geste très chaleureux, quand il m'a pris les poignets et quand il m'a raccompagnée. Il n'était pas obligé de le faire, pas plus qu'il n'était obligé, protocolairement, de venir m'accueillir à l'entrée. Et pourtant, il l'a fait. J'ai senti sa bienveillance, pas seulement à l'égard de Ségolène Royal politique, aussi à l'égard de Ségolène Royal la femme. C'était formidable. J'ai senti son immense chaleur humaine, et surtout sa force. Une force qui jaillit de l'intérieur, qui ne dépend pas des circonstances. La véritable force, quoi…

Celle que vous recherchez?

Oui, celle qu'on recherche toutes et tous, je crois. Celle qui fait qu'on peut tout affronter, sans bouger, sans reculer, sans dépendre de l'extérieur. J'ai compris en le voyant qu'il possédait cette force. Ça m'a un peu intimidée, je dois bien l'avouer. Après l'entretien, j'étais vidée, totalement rassérénée aussi mais vidée. De la mauvaise énergie. Comme après un grand effort. Il s'est passé quelque chose que je ne pourrais pas définir. J'étais surtout très heureuse d'avoir pu lui poser des questions. Je les avais préparées la veille. Sur l'alliance entre la compassion et le martyre de son peuple, entre la bonté et la confrontation dans le combat politique, la bienveillance et la décision politique. Il m'a répondu que c'était évidemment possible, avec l'humilité, et j'étais très heureuse parce que c'est l'histoire de ma vie. Le désir de lier les deux mais l'incapacité, souvent, d'y parvenir. C'est d'ailleurs le défi de tout dirigeant. Celui ou celle qui parvient à le faire est le meilleur dirigeant qui soit.

Et puis il m'a ouvert une porte. En ce sens que j'ai compris vraiment qu'il faut se contenter de ce qu'on a, ne pas courir après trente-six choses. Faire avec ce qu'on a, ce qu'on est en essayant de donner le meilleur de tout cela.

Et puis, plus important, je ne voulais pas l'instrumentaliser sur le Tibet, encore moins utiliser cette rencontre unique pour me faire mousser comme opposante à Nicolas Sarkozy. C'est dérisoire, je n'en avais pas envie. J'étais simplement heureuse d'être là, avec lui, et de dialoguer. D'ouvrir des portes et de voir en quoi ma fonction politique peut l'aider car le Tibet continue à se faire piétiner en silence. Il ne faut jamais oublier cela.

C'était une chance, cette rencontre, et à titre personnel elle intervenait au bon moment. Vous savez, quand on est à un carrefour et qu'on ne sait pas quel chemin prendre…

Le dalaï-lama, les références aux Évangiles… vous aspirez à la religion mais vous n'en pratiquez aucune apparemment…

C'est vrai. Je ne pratique pas de religion, contrairement à l'image de dévote dont on veut bien m'affubler parfois, mais je le dis, je suis profondément chrétienne. Ça m'a imprégnée pendant toute l'enfance et je n'ai pas eu de rejet. Notre façon de pratiquer la religion, dans ma famille, était un peu spéciale. Façon XIXᵉ siècle… Ça fleurait l'intégrisme pour tout dire, la soumission à la contrainte sur les rites et la contrainte dogmatique. Oui, c'était presque de l'intégrisme religieux. Quand j'étais petite et que j'observais certains comportements, que j'entendais parfois la façon qu'on avait de parler des autres, je me disais : « Il y a quelque chose qui ne va pas. » Mais finalement, c'est très bien, ça m'a fait réfléchir, au fil des années. Et au lieu de tout rejeter en bloc, j'ai gardé le meilleur, j'en ai retiré le fruit, vous voyez ? des règles incontournables, une volonté aussi de partager des souffrances, de comprendre les autres, et j'ai transmis ça à mes enfants.

Vos enfants sont baptisés ?

Tous, y compris Flora, la plus jeune. Elle a été baptisée à sa demande il y a quelque temps. Les autres l'ont été en classe de cinquième parce que je voulais qu'ils soient conscients, qu'ils comprennent en tout état de cause. Ils ont toujours été à l'école publique, mais avec l'aumônerie.

Ils aimaient beaucoup ça. En fait, plus que de l'étude religieuse, ils faisaient surtout de la philosophie. Le mal, le bien, le bon comportement, l'aide à autrui… De la morale en quelque sorte. De la morale laïque. Ils sont contents de l'avoir eu. Parfois, nous nous disions : « À quoi ça sert, tout cela ? Est-ce que c'est pas un peu ringard ? Après tout, on est de gauche, est-ce que ce n'est pas trop ? » Finalement, nous les parents, nous nous sommes posé des questions qu'ils ne se posaient absolument pas !

Mais j'ai évolué là-dessus. Cet été, j'ai lu Alexandre Jodorowsky et j'ai adoré.

Alors là, on est en plein dans ce que vous aimez, vous… la création artistique, le baroque, la spiritualité et la transmission, avec, si je me souviens bien, la psychanalyse de la généalogie… un peu trop syncrétique à mon goût, mais détonant, c'est certain…

Détonant, c'est le mot. L'une de ses histoires a été un véritable déclic pour moi… « La maison et le clou. » Vous la connaissez ?

Non.

Attendez, je regarde dans mon sac pour voir si j'ai le livre… Ah, bon sang, ce sac est encore plein ! J'ai l'impression que je passe ma vie à remplir mes sacs sans les vider…

Oui, et en même temps, la problématique du sac est assez fréquente chez nous, les femmes. Je n'en connais pas une qui n'ait pas un jour ou l'autre des griefs à faire à son sac…

(*Rires.*) Oui, mais le mien se remplit de dizaines de petits cadeaux qu'on me donne dans mes déplacements. Des photos, des dessins, des colifichets, des demandes aussi. Régulièrement je fais le tri mais comme je ne veux pas jeter, ça s'empile… J'essaie de conserver au maximum ce que les gens me donnent… C'est tellement précieux comme geste. Les gens pourraient se dire : « Elle a tout, qu'est-ce que je peux bien ajouter à ce qu'elle a ? » Ils pourraient se dire qu'ils vont se ridiculiser. Eh bien non, ils m'offrent et je mets un point d'honneur à garder précieusement, aussi longtemps que je peux.

Et vous, vous pratiquez le don vous-même ?

Oui, je transmets facilement. Quand quelqu'un me dit : « Tiens, c'est beau ce que tu portes », je lui dis : « Eh bien prends-le. » Je me sépare facilement des objets. Je suis en fait assez peu attachée aux objets. Sauf certains qui revêtent forcément une valeur particulière. Comme tout le monde en fait.

Alors justement, ces objets, cette maison et ce clou… vous avez trouvé dans le sac ?

Non, mais je vais le faire de mémoire. C'est facile. Les choses qui vous frappent, les histoires qui vous touchent ou les phrases qui vous percutent, vous les retenez toujours parfaitement, jusqu'à votre mort, certainement.

Alors c'est l'histoire d'un homme qui vend sa maison mais dit à l'acheteur : « Voilà, je te fais un bon prix, mais en échange j'ai le droit de garder un clou dans la maison et de l'utiliser comme je veux. » L'acheteur, qui a fait une bonne affaire, lui dit qu'il est d'accord. Au bout de huit jours, l'homme revient dans la maison et accroche à son clou le portrait de son grand-père. L'acheteur se dit que ça n'est pas trop grave. Quinze jours après, l'homme vient et suspend au clou de la maison le manteau de son grand-père. L'acheteur laisse faire. Et puis c'est le chapeau du grand-père. Quinze jours après, l'homme revient et dépose sur le clou des carcasses de mouton et trois semaines après une carcasse pourrie de vache. C'est son clou, après tout, il fait ce qu'il veut. Ça devient tellement insupportable que le type qui lui a acheté la maison la lui rend. La morale de l'histoire : ne vous laissez jamais enfoncer un clou et tout ce qu'on peut y déposer dessus et qui ne vous appartient pas. Je l'ai racontée l'autre jour à mes collaborateurs en leur disant : « Quand je sens les choses, laissez-moi faire, ne me racontez pas des histoires stupides, de petite politique, de ragots, de cancans, tout ça, ce sont des clous qu'on laisse s'introduire et, sans y prendre garde, on se rapetisse, on ratiocine et on devient obsédé par le dérisoire en passant à côté de l'essentiel. » Voilà comment l'histoire du clou est devenue une sorte de règle politique dans mon cabinet. Ça n'est pas facile, je sais, mais je ne veux plus suivre un chemin qui n'est pas le mien. À ce stade du congrès, je ne supporte pas qu'on me rapporte : « Untel a fait ça, Untel a dit ça. » D'abord parce que Untel et Untel, je ne connais pas forcément. Ensuite parce que ça n'apporte rien à la construction d'une stratégie globale. On ne peut pas faire de la stratégie en fonction des états d'âme, forcément fluctuants, par nature, d'un premier fédéral ou même d'un ministre. Vérité à 9 heures n'est plus forcément vérité à 20 heures, non, je veux dire par là que je veux aller à l'essentiel. Là, en ce moment, la grande question de certains de mes alliés politiques est la suivante : « Et si on est minoritaires ? »

Et alors, la belle affaire ! Si on est en phase avec ce qu'on pense, quelle importance d'être minoritaire ? Et si vous êtes mal, trop mal dans vos baskets, eh bien c'est simple, allez chez ceux qui sont censés être majoritaires. Allez-y et reparlons-en au moment du congrès. Tout cela m'amuse et m'agace à la fois !

Autant dire qu'il vaut mieux ne pas faire de business avec vous… Vous ne négociez jamais rien ?

Si, mais je ne négocie jamais sur les caprices ou le trouillomètre. Règle d'or. De toute façon, tout commence !

À Mougins, il y a un mois, tout semblait sur le point de s'arrêter…

Oui, mais j'ai rebondi. Vous savez, une défaite présidentielle, un choc pareil, c'est un peu comme lorsqu'on lance un ballon… il rebondit plusieurs fois avant de s'arrêter.

Voilà. Cet été, c'était le dernier rebond. Le dernier doute. Me voilà repartie. Sortie de l'asphyxie. Et en marche vers mon objectif: le Zénith, où je dirai tout ce que j'ai à dire. Notamment que je suis là et que je continue. Jusqu'au bout. Sans m'enfermer dans le rôle de la marâtre qui tape systématiquement à bras raccourcis sur Nicolas Sarkozy, mais regardez, quand je ne le fais plus, c'est François Bayrou qui occupe tout l'espace. Je n'ai plus envie de frapper sur tout ce qui bouge. Il faut trouver la mesure. Par exemple sur l'affaire Christian Clavier, vous imaginez la mobilisation policière? Quand on braque mon appartement, on me traite de folle et de mytho en me conseillant l'asile au passage! J'ai failli m'amuser avec ça mais je ne l'ai pas fait. Je l'avais pourtant au bord des lèvres mais j'ai laissé filer. Je crois que je récolte le fruit de tous mes efforts pour m'accrocher, rester accrochée malgré tout. Vous savez, j'ai fait une chose que je ne fais jamais habituellement. Quelques jours après la défaite, j'ai écrit un texte à la main. Sur un papier, pour moi. Comme un post-it pour les courses, vous savez, pour ne pas oublier. J'ai écrit que je ne veux jamais oublier, et que je veux retrouver ma vraie vie. Excusez-moi, c'est très intime, très narcissique ce que je raconte, très contemplatif, et là, en ce moment, je me dis en vous parlant: « Quand même tu exagères, à trois kilomètres des gens meurent sous les ponts. Ta vie, on s'en fiche! » Je me suis d'ailleurs dit ça après l'avoir écrit… et je l'ai rangé… et perdu (*rires*).

Mes enfants me rappellent à l'ordre, vous savez… Ils me disent: « Attention, maman, la politique, c'est pervers parce que le narcissisme prend toujours le dessus. » Donc je fais attention. Vous n'allez pas garder ça, non?

Si, bien sûr…

Bon, après tout… C'est un livre vérité. Pour en revenir au livre de Jodorowsky, je peux dire que la littérature, l'art sont salvateurs dans la vie.

Vous vivez avec l'art, dans l'art ?

Oui, je vis de plus en plus dans l'art. Pendant des années, je suis restée à côté, je visitais des musées à travers le monde, j'allais dans les expos, au cinéma, au théâtre mais c'était en passant. J'avais très peu de temps pour lire, ou disons plutôt que nous nous accordions peu de temps. Désormais, je recherche vraiment l'art.

Je cherche la beauté qui procure des émotions… Par exemple, j'ai créé les Nuits romanes, dans ma région. Je veux donner de la beauté dans ces lieux sublimes que sont les édifices romans. L'autre jour, j'ai piqué une colère parce que, dans l'une des abbayes, ils avaient utilisé des vidéos projetées contre le mur et produit un spectacle de danse sans aucune émotion, totalement bâclé. J'ai convoqué tout le monde en leur disant : « Vous vous fichez de moi, on a des orchestres formidables en région, je vous donne toutes les subventions possibles mais produisez du beau, de la joie, des spectacles qui créent des valeurs, de l'espoir ! » J'étais très en colère parce qu'ils n'avaient pas pensé aux autres, aux gens tout simplement qui n'ont pas les moyens de se payer l'Opéra ou d'aller voir des concerts de musique classique et sont heureux de pouvoir sortir, gratuitement, et découvrir ce qui est beau. Tout le monde a le droit d'accéder au beau. C'est aussi ça, la justice sociale. Entendons-nous bien, j'aime l'art contemporain, la danse contemporaine, mais je n'aime pas l'imposture qui se tortille dans une église romane. Le problème, c'est que personne n'ose rien dire de peur de passer pour un plouc ! J'étais en pétard ! On peut donner le top du top et ils ne prennent pas. Il faut sublimer, élever. Pina Bausch, ça élève, mais comme on ne peut pas avoir Pina Bausch, il faut revenir aux fondamentaux de la musique classique. Ça a traversé les siècles. Ça touche le cœur des gens, ça rend heureux. Il ne faut pas se tromper.

Vous pensez que l'art a une fonction politique ?

Oui, parce que je dirais que l'art trace les contours de l'époque mais pressent aussi l'époque. Il y a dans l'art, et je pense notamment à la peinture, une intuition de ce qu'il va advenir. L'art représente aussi le monde. C'est vrai que Platon disait : « Si vous voulez connaître un peuple, connaissez sa musique. » C'est absolument vrai. L'art, ça n'est pas une activité humaine à part, je dirais plutôt que c'est la quintessence de l'activité humaine. C'est une représentation du monde et une sublimation du monde. Ça ouvre des dimensions mentales. Il m'est arrivé d'assister à des spectacles ou de m'arrêter devant une œuvre, à la Biennale d'art contemporain, par exemple, et je ne comprenais pas forcément la sculpture que j'avais en face de moi mais elle m'a fait tomber des murs dans le cerveau. L'art, ça perce notre coffre-fort personnel. Mais je persiste à penser que les tableaux les plus beaux nous sont offerts par la nature. C'est la création absolue, sans la patte humaine. Les spectacles les plus beaux restent ceux offerts par la nature. Un coucher de soleil… la contemplation d'un coucher de soleil, d'une montagne, d'une rivière qui continue à couler, c'est un miracle. Moi, ça me procure une telle émotion que je peux la garder pendant des mois, comme dans un tiroir, et la ressortir par mauvais temps ! (*Rires.*) Il y a deux domaines qui sortent les individus de leur dimension terrestre et matérielle, c'est bien sûr la culture et l'environnement. Je suis persuadée que si l'on mettait les gamins des cités et les familles défavorisées au contact de l'environnement et de la culture, on soignerait les plaies en profondeur. Bien sûr, on me dira qu'il y a le sport. Mais ça n'a rien à voir. En sport, on s'éclate… avec la culture et l'environnement, on s'élève. On se soude sans esprit de compétition, on se soude uniquement pour partager de la beauté. C'est extraordinaire. Vous voyez, c'est valable à tous les niveaux. Après la défaite à la présidentielle, savez-vous ce que j'ai décidé de faire en priorité ? Emmener mes enfants voir une fois par semaine un spectacle, un concert, une pièce, un musée, les entraîner à Florence. Pour tout ressouder. La cellule familiale cabossée, et la maman candidate un peu abîmée. Ça a été une thérapie géniale. J'ai eu la chance matérielle de pouvoir le faire, je suis consciente de ce privilège. Je voudrais vraiment qu'on démocratise l'accès à la culture. C'est impératif.

Vous savez, quand j'étais petite, mon grand-père Florian m'a appris à pianoter. Il écoutait de la musique classique. J'ai un amour absolu pour Bach, Mozart bien sûr mais aussi Liszt. Je peux l'écouter pendant des heures. J'aime infiniment la musique russe également. Je ne suis pas une encyclopédie vivante, quand je vais à l'Opéra j'ai parfois besoin des sous-titres, mais la musique entre dans nos vies. J'adore aussi la chanson française… « Dans tes bras », de Charles Aznavour, c'est une des plus belles chansons qui soient.

Quel mélange !

Vous savez, j'aime le chant grégorien, les églises, les abbayes. J'ai lu un très beau reportage sur l'abbaye de Solesmes, cet été. Camus disait je crois : « La plus belle chose spirituelle, c'est l'abbaye de Solesmes et encore, je ne suis pas croyant ! » Même Simone Weil, la philosophe, en parlait en des termes éblouissants… Nous irons donc faire un chapitre à l'abbaye de Solesmes. Naturellement, je blague. N'écrivez pas ça, on va encore dire que…

C'est incroyable, cette obsession du « On va encore dire que ».

Pardon, Françoise, mais c'est une question d'entraînement. Presque un réflexe. Et pour tout dire, une plaisanterie.

En fait, je suis frappée de voir à quel point on connaît peu notre propre patrimoine. Je pense que l'on connaît mieux les pyramides que nos abbayes.

Il y a comme un parfum de Mitterrand et sa fascination pour Cluny dans ce que vous dites…

Oui, mais je vous assure que ce n'est pas pour faire comme lui. Mais je comprends la fascination qu'il pouvait avoir pour la terre de France. Je me sens très proche de lui là-dessus. Les rivières, les lacs, les forêts, les campagnes, les églises. Oui, je suis vraiment une femme française, je le revendique. Tranquillement.

Vous seriez donc « pyramide du Louvre et colonnes de Buren », si vous étiez chef de l'État.

Non, je commencerais d'abord par réformer l'enseignement artistique au collège. Ça n'a pas changé depuis des années. Ce qui est fou, c'est de voir à quel point les élèves ont soif de culture. Dans tous les questionnaires que j'envoie en région aux lycéens pour qu'ils utilisent à leur guise leur budget participatif, ce qui revient le plus souvent, ce sont les demandes artistiques. L'un des LEP de la région a voté pour un studio de musique. Je suis allée le voir. Je ne vous dis pas, tous les instruments, la table, les guitares, le piano, les amplis, la batterie. Formidable. Donc, il faut d'abord réformer l'enseignement artistique au collège et au lycée.

Mais encore, je ne peux pas imaginer que vous n'ayez pas envie de laisser une trace, disons... florentine...

Oui, c'est vrai. Au-delà des missions classiques d'un chef d'État — l'amélioration sociale, le progrès de la justice, la place de la France dans le monde —, je voudrais pouvoir faire progresser la beauté dans le pays. On ne peut rien réussir s'il n'y a pas en plus une dimension esthétique et harmonieuse.

Ah, nous y voilà. Vous êtes en réalité comme les rois de France! Nous y sommes, à cette monarchie participative...

Voilà, c'est ça. Je me sens de ce point de vue assez monarchique, royaliste... Ça tombe bien, j'ai déjà le nom. Au-delà de la plaisanterie, j'aimerais bien entretenir des artistes, des sculpteurs, des musiciens... des architectes. François Ier qui fait venir à Amboise Léonard de Vinci, ça me plaît, ça me fait rêver.

Vous connaissez cette fameuse anecdote. Le grand Charles Quint ne supportait pas que quelqu'un marche devant lui, ou ne s'incline pas sur son passage, mais en revanche il acceptait de se baisser pour ramasser la palette ou le pinceau que Titien venait de faire tomber, sous le regard stupéfait des nobles de la cour.

J'aime beaucoup cette anecdote que je ne connaissais pas, mais je comprends le respect que même le plus grand des empereurs peut éprouver pour un génie comme Titien. Vous savez, j'ai vu des centaines d'expositions de peinture, d'art, et j'ai toujours ressenti des choses fortes face à la peinture. Aux statues. Certaines sont vivantes, nous parlent. C'est enfoncer une porte ouverte que de dire ça, mais devant certains tableaux on se sent lié avec tout ce qui vit. Comme si le peintre parvenait à exprimer et à dessiner ce qui ne se voit pas. Vous comprenez ce que je veux dire ?

Parfaitement. J'ai ressenti cela devant les toiles de Soutine, à tel point qu'il m'est presque insoutenable de rester trop longtemps devant ces tableaux.

Moi, j'ai un amour profond pour les impressionnistes. J'aurais voulu connaître Monet, Renoir. Plus j'avance dans ma vie, plus je crois, je ressens la fonction d'élévation de l'art. Qui sous cet aspect s'apparente absolument à la religion. Faire jaillir de nous les sentiments les plus humains, dépouillés de rage, de colère ou d'aigreur.

Ce qui est merveilleux c'est de voir que les premiers peintres, les premiers sculpteurs ne se rendaient pas compte de la portée de leur art. Qui connaît le nom de celui qui a sculpté les bas-reliefs de telle abbaye romane ? Personne. Cet anonymat est très émouvant. Parce que seule compte l'obsession de bien faire, de faire parfaitement ce qu'on a à faire.

Vous avez raison, je crois que je ressens le même sentiment quand je vais au théâtre. Je suis fascinée par le théâtre, le jeu des acteurs. Leur concentration, l'ingratitude qu'il peut y avoir à apprendre laborieusement un texte, l'ânonner, le répéter, pour pouvoir le restituer parfaitement pour le bonheur du public. Bien sûr la pièce est essentielle mais le travail en amont est tout aussi important, compte autant. Je ne suis pas certaine que nous élevions le travail politique à ce niveau. Mais il y a, c'est vrai, chez les plus grands artistes, une discipline quasiment militaire et l'obsession de faire ce qui doit être fait. Finalement, que peut un génie s'il ne travaille pas. À Florence, à chaque pas le regard percute quelque chose de beau et d'anonyme. Un heurtoir de porte, une clé de voûte. Il y a une allégresse dans l'art. La joie qui vient du fond de la vie.

J'aime infiniment Bach pour cela. Son but essentiel était de transmettre la joie de Dieu. Je ne crois pas en Dieu mais j'avoue qu'en écoutant Bach longtemps, on finirait presque par y croire !

(*Rires.*) Oui, c'est vrai aussi pour la peinture de la Renaissance. J'aime les anges, vous savez. Les anges peints par Raphaël. Ils me rassurent. Non pas que je croie aux anges mais ce qui se dégage de leur pensée, cette bienveillance pour le personnage principal… (*Elle réfléchit.*) C'est cela, la profonde bienveillance, la profonde bonté, tout cela peut facilement nous entraîner au ciel. En fait, je me rends compte que nous pourrions faire un livre entier sur l'art.

C'est étonnant votre emballement pour l'art dans cette conversation. Dans votre parti, beaucoup de dirigeants sont très cultivés, la bonne phrase au bon moment, mais c'est une culture de fiche de l'Ena…

Croyez-moi, ça n'est pas simple de quitter cette façon de penser. J'ingurgite, je régurgite. Je ne cracherai jamais sur l'Ena, cette école m'a fait naître à la politique. Mais j'avoue que j'ai encore parfois ce réflexe de lire, façon fiche. Mais je prends le temps de lutter contre ça et de lire vraiment, comme on doit lire. C'est-à-dire lire les phrases, chaque mot, poser son regard, réfléchir ou dévorer, et puis s'arrêter et repartir… Vivre le livre. Ça faisait des années que je ne prenais plus le temps de le faire. Je le refais.

En fait, vous vous reconnectez à l'art, si j'ai bien compris.

Ça ne suffit pas à remplir une dimension politique mais je ne voudrais pas rater cette dimension-là. La reconquête d'une dimension artistique, esthétique, est une valeur de progrès et je pense que c'est une valeur profondément de gauche. C'est vrai qu'il faut de la force pour imposer ça face aux pesanteurs économiques et aux contraintes traditionnelles, mais chaque fois qu'on donne de la beauté aux gens, on fait de la politique. La politique c'est de tous nous faire monter d'un cran ensemble, j'en reste totalement, viscéralement persuadée.

Vous montez, vous aussi ?

J'essaie, j'essaie. J'ai parfois du mal mais je m'efforce de le faire. Mais vous savez, mon personnage préféré n'est pas Jeanne d'Arc, comme on le croit.

Vous m'intriguez… Qui est-ce ?

Mon personnage de roman préféré s'appelle Edmond Dantès, le comte de Monte-Cristo. Pour la persévérance.

Un café porte d'Auteuil

Le 7 septembre 2008

Tiens… Une voiture grise qui tourne devant le bar pour se garer. On lève le nez de son journal, on penche la tête et on se frotte un peu les yeux. C'est elle qui conduit. Diable. Pas d'officiers de sécurité, pas de chauffeur. Ségolène Royal au volant. Image étonnante. Mon voisin de table regarde aussi. Souriant. Se tourne vers moi et me demande : « Vous ne trouvez pas qu'elle ressemble à Ségolène Royal, cette femme ? » Je lui réponds : « Oui, et d'ailleurs, ça tombe bien, c'est elle. » Un peu gêné, un peu confus, lui aussi replonge dans son *Parisien* du dimanche. Un dimanche ensoleillé. L'entrée, à la fois discrète et théâtrale, focalise l'attention des clients. Un homme d'une cinquantaine d'années esquisse une approche pour saluer mais la serveuse arrive et nous installe au fond, « pour être tranquilles, madame Royal ». Mme Royal du dimanche porte des baskets roses, un jogging noir et un tee-shirt qui a dû être beau avant d'être simplement délavé. Pleine forme, le cheveu encore un peu mouillé, moqueuse à souhait. Premier réflexe, jeter un coup d'œil discret et voir comment la presse a relaté sa virée ardéchoise de la veille. « Des "Ségolène on t'aime", des "Ségolène Présidente !" »

Un papier. Assez court. Elle sourit. « Ce n'est pas l'inflation journalistique. S'ils pouvaient me reléguer à la page jardinage... », et éclate de rire. Il est vrai qu'en cette rentrée les astres sont assez peu favorables. Tout indique un échec au congrès, un isolement de l'ex-candidate et une poussée forcément gagnante de Bertrand Delanoë, champion hors catégorie des sondages. La presse commence déjà à souligner, de-ci de-là, le décalage entre cette flambée sondagière et le relatif anonymat qui accompagne ses rares sorties sur le terrain. Quelques papiers. Quelques points d'interrogation, mais en cette fin d'été personne ne parierait un kopek sur l'échec du maire de Paris. Pas même Ségolène Royal. Elle cherche une nouvelle stratégie de reconquête. Une nouvelle forme de communication. La conversation roule sur les États-Unis. Les conventions démocrates et républicaines... l'immense classe et le panache d'Hillary, dit-elle. C'est la première fois qu'elle complimente Mme Clinton, pour qui elle éprouve assez peu de sympathie. L'art du show aussi, au millimètre, très travaillé. Face à moi, une femme déliée, qui semble avoir retrouvé l'envie de mordre.

À cet instant, je repense à l'une des devises de la famille de Habsbourg : « Quand on perd une bataille, on descend de son cheval et on continue à pied. »

Je vous trouve particulièrement guillerette aujourd'hui... On ne peut pas vous arrêter.

Il faudrait savoir ce que vous voulez, toutes et tous... Quand je ne parle pas, ça ne va pas, quand je parle, ça ne va pas ! En même temps, je suis ravie. J'ai retrouvé l'usage de la parole et ça n'était pas évident...

Qu'est-ce à dire ?

Vous savez, pendant des années, j'ai assez peu parlé. J'étais entourée de gens avec lesquels, pardon pour cet écart de langage, il est assez difficile d'en placer une… avec vous aussi d'ailleurs !

Un point ! C'est vrai que les personnes les plus sidérées par votre incroyable ascension dans la primaire socialiste, en 2006, étaient celles qui fréquentaient votre couple depuis vingt ans. Et qui vous avaient toujours vue sans jamais vraiment vous entendre. Pour eux, le fait le plus marquant était cette incroyable métamorphose. Ségolène Royal loquace !

Je reconnais que je suis restée mutique pendant des années. Ça n'est pas que j'étais malheureuse, mais d'autres occupaient fort bien l'espace… suivez mon regard… Maintenant, à moi l'espace. Et je dois dire que finalement c'est assez agréable de parler. J'aurais dû faire ces entretiens plus tôt…

C'est-à-dire ?

Pendant la campagne, ou avant. Un véritable livre vérité pour dire qui je suis vraiment. Je reste persuadée que le succès du livre d'Éric Besson, *Qui connaît Madame Royal ?*, est aussi lié au fait que les gens, de façon assez neutre, voulaient savoir qui j'étais vraiment. Bien sûr, c'était un livre à charge, dont j'ai sous-estimé, c'est vrai, les ravages dans l'opinion.

Vous diriez qu'il a contribué à votre défaite ? Auquel cas il a atteint son but. Éric Besson ne s'est jamais caché de vouloir vous empêcher d'accéder à l'Élysée.

Je ne sais pas si on peut le dire avec autant de certitude.

Une campagne, c'est une alchimie, mais c'est vrai qu'il a accentué la petite musique négative sur moi, en me présentant comme un personnage inquiétant là où Nicolas Sarkozy avait réussi à gommer les traits les plus anxiogènes de sa personnalité.

J'ai donc un petit regret de ne pas avoir fait un vrai livre, de ne pas avoir raconté ma véritable histoire, quitte à prendre un risque majeur. De toute façon, on prend un risque en se mettant, comme on le fait depuis plusieurs mois, autour d'une table et qu'on parle de soi. Mais ça me paraît être un exercice incontournable.

Vous lisez ces livres-là, vous-même, en règle générale ?

Oui et non… J'ai feuilleté le pavé de Carl Bernstein sur Hillary Clinton, mais feuilleté seulement.

Et… elle vous a intéressée ?

Je ne peux pas le dire comme ça. C'est vrai que je n'ai jamais été fan d'Hillary. En règle générale, la politique américaine est très sentimentale. Vous comprenez ce que je veux dire ? On reproche aux politiques français l'utilisation de la communication mais que diriez-vous si vous deviez exercer votre métier aux États-Unis !

Eh bien, c'est simple, on ne l'exercerait pas !

(*Rires…*) Non, mais c'est vrai qu'il y a un côté totalement artificiel, fabriqué, grosse ficelle, mais qui marche avec l'électorat américain, un côté très manichéen. Et puis, il y a des moments très forts. J'ai revisionné le discours d'Hillary à la Convention des démocrates. Elle évoque les esclaves, l'affranchissement. Elle dit : « On se relève, on continue, on est des affranchies. » Ça, et puis la phrase sur le plafond de verre : « On ne l'a pas percé mais on lui a infligé dix-huit millions de fêlures. » Le nombre de ses voix. C'est immense, ça, c'est le vrai panache, la vraie grandeur. Je dois reconnaître que là, vraiment, elle m'a impressionnée.

Bill aussi…

Oui, et naturellement tous mes amis ont pensé la même chose de Bill et Hillary. Mais inutile de revenir là-dessus. Aujourd'hui, ça me fait sourire.

Vous regardez de près cette campagne américaine. Je connais votre tropisme pour Obama. J'ai le sentiment que vous vous identifiez à lui pour l'idée de changement…

Oui et non. Vous savez, Obama n'a rien inventé. La campagne sur Internet, c'était déjà le coup de génie d'Howard Dean, quant à la démocratie participative, excusez-moi de vous rappeler que c'était l'axe de ma campagne, tellement moquée, critiquée… mais c'était la colonne vertébrale de ma campagne. Je n'ai aucune raison de me cacher derrière mon petit doigt. La démocratie participative, je la revendique haut et fort. Le pays et le parti, surtout, n'étaient pas prêts. La prochaine fois, ils le seront… Je veux dire par là que la France est en retard d'une guerre, voire de deux guerres. Il traîne dans la façon de faire de la politique une sorte de fausse pudeur, des réflexes totalement archaïques. Vraiment, quel retard sur la méthode. Rien n'est plus fort que la démocratie participative. Quelle agence de com peut remplacer les témoignages des gens, les phrases des gens, leur vie réelle ? Quand je recevais sur mes mails les mots d'une femme me disant : « Je ne peux pas rentrer chez moi, j'ai peur de me faire taper dessus par mon mari », croyez-moi, aucune boîte de com ne peut inventer cela, et quand vous êtes une femme politique, vous n'avez pas besoin d'un dessin et de notes techniques pour comprendre qu'il faut agir sur la violence faite aux femmes. Rien n'est plus précieux que la démocratie participative. Mais c'est vrai qu'elle est inquiétante pour un pouvoir central ou une conception de la politique autoritaire, presque paternaliste. Il faut faire sauter tous ces verrous.

C'est l'une de vos spécialités, faire sauter les verrous. Ça vous a parfaitement réussi dans la primaire, mais ça ne fonctionnait plus vraiment pendant la présidentielle. Même vos adversaires socialistes reconnaissent cette qualité chez vous. Vous ne semblez jamais avoir peur de rien.

Je ne dirais pas que je n'ai pas peur. Je dirais plutôt que j'ai toujours eu conscience des possibles. Je ne me souviens plus qui m'a dit, lorsque j'étais très jeune, à Sciences po, cette phrase qui s'est imprimée vraiment dans ma mémoire et est devenue l'un des axes principaux de ma vie : « Quand le train passe, monte dedans. » Je devais avoir vingt-cinq ans. Cette phrase m'a frappée. Et elle est devenue une sorte de vade-mecum. Dans la vie, je me suis toujours dit ça : « Si le train passe, monte. » Ça a été valable quand je suis entrée à l'Élysée, quand j'ai demandé à Mitterrand une circonscription pour les régionales en 2004, et surtout, bien sûr, lors de la primaire. Vous voyez, lorsqu'il y a une opportunité pour moi de créer, de voir, de trouver, d'ouvrir une porte dans ma façon de penser, que ce soit dans les grandes ou les petites choses, je prends, je monte dedans. Je fais comme je le sens. Et souvent je sens juste. Parfois avant tout le monde, et on me rend assez peu grâce d'avoir trouvé, plaidé avant… que ce soit l'idée de nation, de démocratie participative, ou sur le nucléaire iranien… mais je m'en moque en fait, j'avance. Je ne pose aucune limite à la curiosité, la découverte. Je ne me pose pas de questions inutiles. Je monte dans le train et c'est un excellent moyen de forcer ma nature, sinon vous pensez bien qu'avec ma bonne éducation et mes limites personnelles je n'aurais jamais fait ce que j'ai fait, surtout pas la présidentielle.

Ça fait un peu pie voleuse, non ?

Non, parce qu'il y a les barrières éducatives qui ont force de loi chez moi, les droits et surtout les devoirs, ce qu'on peut faire, ce qu'on ne peut pas faire. J'ai quand même beaucoup de barrières. C'est pour ça que ce procès permanent en mensonge, en arnaque supposée de certains de mes salariés, c'est pour ça que ça m'insupporte. Je n'ai jamais volé un centime à personne, je n'ai jamais triché sur mes impôts ni sur quoi que ce soit. Aux États-Unis, et c'est le bon côté de la vie démocratique américaine, aux États-Unis Nicolas Sarkozy aurait eu droit à un vrai scandale avec sa fraude à l'ISF par exemple. Qui peut vraiment croire qu'avant l'élection il n'y était pas assujetti. Combien de temps a-t-il fraudé, cinq ans, dix ans ?

Qu'est-ce que vous appelez mensonge exactement ?

Un mensonge, c'est un mensonge, non ? Je ne comprends pas la question ?

Il y a mensonge et mensonge, contre-vérités, mensonges par omission, grands ou petits… la gamme est vaste…

Je veux dire que je ne suis pas tordue et que ça me fragilise face à mes adversaires. Eux sont souvent dans l'ambiguïté. Et la question que je me pose depuis ma défaite, c'est comment trouver les clés pour débusquer ces mensonges ? Comment contourner la manipulation et le mensonge médiatique, répétés en boucle, assenés en boucle. Regardez la couverture de La Rochelle et l'inénarrable sondage Opinionway qui sort dans la foulée. Je m'effondre, Martine monte et Bertrand aussi. À eux deux, ils seraient presque à 150 %, alors que moi j'enregistrerais un moins 15 ! Unique dans l'histoire des sondages, non ? (*Elle éclate de rire.*) Eh bien si, ils osent tout. Comment contourner tout cela ?

Quand Sarko ment sur les retraites, annonce des augmentations qui lui font certainement gagner des centaines de milliers de voix, comment dire fort qu'il ment et être entendue ? Je l'ai dit, répété. J'avais raison. Aujourd'hui, les petits retraités manifestent leur mauvaise humeur. Mais le résultat est là. Je n'ai pas réussi à faire basculer, à débusquer le mensonge suffisamment pour que les gens comprennent.

Si vous y réfléchissez, c'est donc que vous avez déjà une petite idée…

Oui, la réponse est dans le corps-à-corps direct, le combat en direct. Dans le face-à-face avec l'adversaire pour le démasquer. Et là, j'en reviens aux États-Unis et la prochaine fois, je demanderai deux ou trois débats et pas un seul. C'est l'unique moyen de contourner le verrou médiatique très puissant des amis de M. Nicolas, qui souvent s'allient aux amis de ceux qui me détestent au PS, et ils sont assez nombreux, je crois. Mais au fond, cette coalition me fait rire. Elle va dans des détails étonnants. Un journaliste politique qui interroge Xavier Darcos sur mon écroulement dans les sondages ! Vous imaginez la tête de ce pauvre Darcos, obligé de commenter les malheurs de l'ex-candidate socialiste, surlignés à grands coups de courbes rouges à l'écran ! C'est inénarrable. Je regardais ça en hurlant de rire à la maison. Il fut une époque où ça me mettait en colère. Maintenant je ris. Je me demande bien qui a ramassé autant de tombereaux d'injures que moi ?

Mitterrand, Chirac, Sarkozy…

Donc, c'est bon signe ! Si on indexait la réussite sur le volume d'injures, de contre-vérités et, pour tout dire, de stupidités médiatiques, je serais élue plusieurs fois dans les années qui viennent. Plus sérieusement, ça devient totalement dingue ! Et il va falloir être vraiment créatifs dans les années qui viennent !

J'ai l'impression que c'est un jeu pour vous. Comme l'illustration de l'adage : « En bien ou en mal, mais qu'ils en parlent ! »

Peut-être. Mais je viens de loin et j'irai loin. Chef d'État, figure de la gauche européenne, qu'importe. J'irai loin. La terre est un petit caillou et moi je veux utiliser ma vie, l'impact que j'ai encore, politique, personnel pour changer ce monde. En fait, je devrais dire merci à tous ces gens… Opinionway, Lagardère, les éléphants, merci tout le monde, ça me forge ! Et c'est super !

Chaque fois, on sent chez vous ce goût inné pour l'épreuve qui forge ou qui transcende ! On en revient à l'enfance et particulièrement à votre père. Ça ne vous gêne pas ?

Non, pas du tout. Et vous savez pourquoi ? Parce que je suis véritablement la fille de mon père. Je m'en rends compte jour après jour. C'est lui qui m'a complètement structurée. C'était un guerrier et un combattant. Je le ressens aujourd'hui. Ce courage qu'on vante tellement chez moi, c'est à lui que je le dois. Hors idéologie, simplement de père à fille. Je suis sa fille. J'en suis fière.

Vous l'avez revu avant sa mort ?

Non, mais il m'a écrit. Une longue et belle lettre lorsque j'ai été reçue à l'Ena. Il était déjà très malade, très dégradé physiquement, et dans une grande souffrance morale. Je lui ai répondu. Je n'ai aucun regret, aucune amertume. Malgré tout, je peux dire que, quand je pense à mon père aujourd'hui, il n'y a plus de colère.

Et pourtant vous avez souffert de cet environnement familial, vous l'avez dit parfois. Tous vos amis en témoignent.

C'est vrai que pendant des années il m'est arrivé d'avoir des moments de repli intime quand une certaine idée de l'enfance me traversait l'esprit. Même encore aujourd'hui, ce sont des moments qui remontent. Mais je suis plus neutre vis-à-vis de cela, c'est le temps qui permet cela. Ça doit être ça aussi, vieillir… dompter ses colères, apprivoiser ces angoisses que tout le monde éprouve, chef d'État, boulanger ou professeur. C'est la nature humaine. C'est vrai qu'il y avait chez moi, dans ma famille, une violence cachée, rentrée. Plus une violence psychologique que physique d'ailleurs, sauf pour mes frères. Moi, je n'ai jamais été battue, je suis passée entre les gouttes, je me suis faufilée, j'ai été protégée, mais je me suis surtout protégée. Lorsque j'étais enfant, j'avais une hypersensibilité aux autres, presque maladive. Je ne supportais pas de voir l'un de mes frères la boule à zéro parce qu'il avait rapporté une mauvaise note. Quand mon père frappait, il n'y avait pas de cris. Seulement le silence. Ça se faisait à la cravache. Il frappait et c'est tout… Mais il y avait tout de même une joie familiale qui survivait entre nous tous, y compris avec mon père. Mais il ne faisait que reproduire le schéma familial et ce qu'il avait lui-même subi. Ça, on le comprend plus tard. Il n'y a jamais eu de haine dans le cœur de mon père pour ses enfants. En fait, c'était de l'amour, c'était pour notre bien. « C'est pour votre bien », voilà comment il pensait. Il le faisait pour nous. Mais encore une fois, on le comprend plus tard. Et encore une fois, il n'y a pas non plus de raison de le détester ou de l'excuser. C'était comme ça. Oui, je suis courageuse. Je l'ai toujours été. C'est l'enfance ça aussi. Je me suis débrouillée pour survivre. C'est compliqué à expliquer. J'avais des parents aimants, une famille nombreuse, mais c'est le climat global qui était rude. Il y avait toujours cette violence cachée. Mais c'est anecdotique à côté de ce que certains ont subi. Vraiment, ma vie est idyllique à côté de ceux-là, car quand l'amour parental persiste, tout est sauvable.

Mais peut-on mesurer le malheur?

Oui, je crois quand même qu'on peut mesurer le malheur. Il y a des choses dont on ne se remet pas. C'est des moteurs, des cases qui manquent. Elles manquent à jamais.

Moi, j'ai évité de reproduire ce schéma avec mes enfants. J'ai fait l'inverse, j'ai tenté d'aller toujours dans la douceur, l'extrême douceur, j'ai tout tenté… Ne jamais les brutaliser, ne jamais blesser leur sensibilité. C'est plus simple pour moi peut-être aussi parce que je suis une femme, mais j'ai choisi la méthode ultra-douce, même si de temps en temps, j'avoue, j'ai vraiment manqué d'autorité. Mais c'est vrai que cette violence m'a sensibilisée au problème des violences subies par les enfants. Ça a été un grand combat. Contre le silence. Un enfant violé ou battu ne dit rien parce qu'il croit que c'est normal. Il vit dans sa forteresse, avec ça, en permanence enfermé avec ce chagrin mais qui pour lui est normal. C'est pour ça que lorsque j'étais ministre de l'Enseignement scolaire, j'ai fait un petit fascicule qui s'appelait: « Le pouvoir de dire non! » Je l'ai retrouvé au Québec lors d'un déplacement. Ça m'a fait plaisir que les bonnes idées s'exportent.

Mais on n'élimine pas en claquant des doigts l'histoire familiale et le contexte! Vous-même, vous avez parfois des accès de violence?

Oui, parfois je suis obligée d'expulser de la violence. Quand on m'a fait du mal, mais sur la durée, vous voyez. Je ne suis pas susceptible, ça ne me dérange pas qu'on se moque de moi, qu'on m'imite même, je suis d'autant plus à l'aise pour en parler avec vous que vous êtes une grande spécialiste de mes imitations…

Je l'avoue…

Y compris devant moi, donc vous savez que je ne suis pas susceptible. En revanche, lorsqu'on me fait mal en continu, de façon lancinante, dans l'amour ou même dans les liens politiques, à un moment donné il faut que je rompe la digue, et là je suis capable d'une violence verbale très forte. À un moment donné, il faut dire stop. Dans ma vie, j'ai accepté beaucoup de choses, de situations invraisemblables, je me suis accommodée de trucs vraiment rocambolesques, mais il faut savoir dire stop. C'est une question de survie, une pulsion de vie. Chez moi, c'est très ordonné, très structuré. Je ne me laisse jamais dévaster de l'intérieur. Je sens bien les situations, je ne bloque jamais. Je n'ai pas peur du trop-plein, de la foule ou de la solitude. Je déguste d'ailleurs la solitude comme un sucre parce qu'on est rarement seul quand on fait de la politique. C'est une contrainte et un charme. Mais quand je donne l'impression de fonctionner au coup de tête, ça n'est pas un coup de tête, c'est que ça vient de très loin, que ça n'est pas la première fois et qu'il faut casser, péter le processus. C'est très féminin en fait, je crois… Mais que c'est bizarre de parler de soi…

Revenons à ces fameuses peurs, dont vous semblez être exonérée…

Des peurs ? Oui, bien sûr. Comme le disait si bien Mandela, le courage, ça n'est pas l'absence de peur. C'est la capacité à les sublimer. Je suis comme tout le monde. J'ai peur de la mort. Pas la mienne, bien sûr, je voudrais qu'elle soit douce, dans mon lit, comme tout le monde. Non, j'ai peur de la mort de mes enfants. Ça, c'est évidemment intolérable. Je veux mourir avant mes enfants. Rien ne serait pire pour moi que de mourir après l'un d'eux. Mais je ne pense pas à la mort, vous savez. On commence vraiment à y penser quand la génération qui précède décède. Je trouve d'ailleurs dommage qu'on pense si peu à la mort, qu'on s'entraîne si peu à la mort. C'est quand même la seule vérité dont on soit sûr... C'est qu'on va mourir et qu'il ne faut donc pas vivre sa vie inutilement. Je suis certaine que si on affrontait sérieusement, en face, ces questions sur la mort, le monde irait mieux. Cela dit, j'espère vivre encore très longtemps. J'ai plein de choses à faire. Si vous saviez...

Je ne sais pas, et c'est certain que ça, vous ne me le direz pas...

Ah, ça non ! (*Rires.*) Mais j'ai vraiment la peur classique de toutes les mères... l'angoisse quand Thomas ou Julien ne rentrent pas et qu'ils sont en scooter. Ça me prend parfois, quand je suis en déplacement. Je me maîtrise. C'est aussi ma culpabilité qui parle je crois. C'est classique, c'est d'une banalité extrême en fait. La peur de voir mourir les gens qu'on aime. La peur panique parfois. Je chasse ça très vite mais bon, je suis avant tout une maman... toutes les mères sont comme ça, c'est vrai non ? L'angoisse de l'agression sur les filles aussi... Les grandes peurs de l'enfance. Quand mes frères étaient battus et que la vie continuait. Oui, cela demeure même si, encore une fois, je n'ai jamais subi de violence. Je n'ai jamais non plus été violée, ni subi même plus tard de violence sexuelle. Vous savez, j'adore mes frères. Paul, Antoine, Henri, Sigisbert qui vadrouille un peu partout, et surtout Gérard. Lui, c'est mon vrai pote de chez pote, comme disent les copains de mes enfants ! On partait en pension, tous les deux, le dimanche soir, dans le noir. Ce sont des souvenirs inoubliables. On prenait le bus. Je le vois souvent, il vit en Bretagne. Je l'aime. On s'entend vraiment très très bien. Il m'a beaucoup soutenue dans les épreuves. On parle beaucoup. Mais en fait, j'aime bien le pôle de rassemblement des cousins. Tous les ans, autour du 1er novembre, tous les enfants de mes frères et de mes sœurs et les miens se retrouvent autour de moi, une quinzaine au total. C'est ma famille. J'aime mes frères et mes sœurs.

Et pendant la campagne, vous avez eu peur…

Oui, la peur des débats internes de la primaire. C'était terrible pour moi… J'avais peur. Très peur. C'était un sentiment angoissant, celui d'être comme un animal traqué. Comment je peux expliquer mieux que cela ? Un animal traqué et l'impression que je n'avais pas d'autre endroit que moi-même pour me réfugier. Les débats internes ont été une lourde épreuve, la plus dure en fait. La campagne, c'était de l'eau de rose à côté…

Vous ne donniez pas ce sentiment. Au contraire, vous aviez l'air très sûre de vous, presque pimbêche ! Vous vous êtes sentie trahie, c'était la peur de la trahison ?

Non, en fait je l'ai tellement subie, la trahison, que ça ne me fait plus rien. Je suis même de plus en plus agréablement surprise quand je me rends compte qu'au bout, finalement, il n'y a pas de trahison. Je vis désormais avec des gens qui ne trahissent pas. Ce n'est pas leur mode de fonctionnement, l'ambiguïté.

Pour les autres, c'est leur nature. Qui a trahi trahira... C'est une forme de vérité, et maintenant un jeu pour moi de découvrir les traîtres. Je ne vais pas les rechercher, ils reviennent tout seuls, la bouche en cœur. Ça ne se répare pas. On ne peut pas faire des allers-retours en permanence entre les gens. À un moment donné, je ne joue plus. À quoi ça ressemble d'aller et venir ?

Je sais parfaitement qui ne me trahira jamais. Je les connais parfaitement. Je les respecte. Quant aux autres, j'ai une forme de magnanimité. Sinon, comment peut-on faire de la politique ?

Vous comprenez ?

... Que c'est dur de parler de ça... parce qu'il y a aussi une peur mais celle-là, j'ai eu tort de l'éprouver parce qu'elle est arrivée...

Laquelle ?

La peur de rater mon couple. Et c'est arrivé. En fait. C'était mon bonheur. Je n'ai sacrifié personne. On pourrait se dire : « Après tout, elle a tout sacrifié à la politique, c'est donc normal qu'elle ait raté son couple », mais c'est faux, archifaux. J'ai accordé autant de soin à mon couple qu'à mes enfants et à mon boulot. En fait, j'ai essayé. Et ça a raté... (*elle réfléchit*), c'est une forme d'échec, pour moi qui tiens beaucoup à la famille. Mais c'est peut-être une chance aussi. Ça aurait pu arriver plus tard, sans espoir de me retourner, de retrouver le bonheur. Un mal pour un bien. C'est de toute façon ce qu'il faut se dire. C'est pas mal non plus l'affranchissement, ça ouvre d'autres horizons...

Ah, l'amour!

(*Elle se met à chanter.*) « L'amour, l'amour, tralalala... » Mais il n'y a pas que l'amour, il y a les amis, le travail. Je rencontre des gens dont je ne soupçonnais même pas l'existence. Et j'ai des idées magnifiques pour faire de la politique. Il faut tout changer... Mais j'en ai avalé, des couleuvres, hein ? Vous qui avez tout vu...

À la jumelle, madame Royal. On a tout regardé à la jumelle.

Oui, c'est vrai. Mais quand je me retourne, que je regarde en arrière, que je me souviens comment on allait à l'école à pied et qu'il fallait se débrouiller avec la neige qui nous arrivait jusqu'aux genoux, qu'on mettait du papier journal dans les chaussures pour ne pas avoir froid. Quand je repense à cette vie rurale, à ces parfums de Martinique, à cette adolescence pendant laquelle je ne pouvais même pas imaginer que Paris était Paris... J'en ai fait du chemin, n'est-ce pas ? Je me demande bien où j'ai trouvé cette force. Dans la vie, l'essentiel est de trouver son espace. Tout le monde a un espace, pas seulement ceux qui dirigent, savent ou gèrent un pays. Vous, moi, le patron du bar où nous sommes, tout le monde a son espace, ce pour quoi il est fait, ce pour quoi il doit agir. Il suffit juste de le trouver. Comme on le sent soi-même, sans écouter les conseils des uns et des autres. Écouter sa petite voix.

Je crois qu'on a fait le tour des peurs...

Non ! voilà ce que c'est, les muets qui se mettent à parler... Je me souviens très bien, en discutant à l'instant avec vous, d'une terreur physique... lorsque j'étais venue défendre, en tant qu'avocate puisque je suis avocate, la députée kurde Leila Zana, dont le procès se déroulait au Parlement à Ankara... Là, j'ai eu très très peur physiquement. Nous étions retranchés à l'intérieur du Parlement, cernés par la police. Je suis allée aux toilettes, au sous-sol. Je me disais en mon for intérieur : « S'ils me tuent, personne n'en saura jamais rien. » Il y avait des types en rangers, armés de mitraillettes, l'œil noir. J'étais toute seule, au sous-sol. Il y avait des policiers turcs et des hommes qui ressemblaient à des mercenaires. Je me suis dit que je pouvais me faire trucider... ni vu ni connu. Je suis restée toute la nuit enfermée dans le Parlement. Encerclés avec les députés kurdes. En début de soirée, le fonctionnaire de l'ambassade, tiré à quatre épingles, m'a dit : « Moi, je m'en vais. » On était sidérés. Bonjour le Quai d'Orsay. On était encerclés, il y avait atteinte évidente aux droits de l'homme, et le type du Quai rentrait chez lui comme si de rien n'était. J'avais envie de le gifler. Moi, je suis restée... toute la nuit mais avec quelques sueurs froides. En plus, un des députés kurdes s'est mis à pleurer, avant de s'évanouir d'angoisse. Il avait déjà été torturé en prison. Il s'est écroulé de peur. Je me suis dit à ce moment-là : « Bon, ben, ma petite, on est tout seuls et l'ambassade de France a pris la poudre d'escampette. On peut se faire trucider tranquillement. Mais c'est pas grave, serrons les dents ! » Vous voyez le tableau d'ici ?

Vous pensez que le leader, c'est aussi celui qui maîtrise la peur ?

Oui, c'est vrai que c'est une qualité essentielle. C'est la maîtrise qui importe. Il ne faut jamais paniquer face à son équipe. Surtout ne pas pétocher. Ne pas montrer qu'on n'est pas rassuré. Quand il y a polémique, quand les campagnes s'emballent, qu'on est submergée par le torrent médiatique, il faut rester calme. Sage comme une image même si on bout intérieurement. Je me souviens qu'avant le premier débat entre socialistes j'étais tellement anxieuse face à cette mise en scène mortifère, face aux reproches et au non-dit à la maison, que j'ai rallongé de vingt-quatre heures mon séjour à la Réunion, pour ne pas rentrer, pour travailler tranquillement avec Sophie Bouchet-Petersen. Il y a aussi des moments intenses. L'entrée dans des salles gigantesques, par exemple, ça secoue intérieurement. Ça porte. C'est puissant. Mais c'est aussi très violent. C'est une chance inouïe d'être finaliste d'une présidentielle, c'est un grand honneur de porter tant d'espoir de tant de gens, mais il y a un effet de souffle. En plus, dans la campagne présidentielle j'avais trop de souffrance privée, trop de problèmes d'organisation pour goûter pleinement ces rencontres. Là, ce sont des appréhensions profondes qui remontent malgré soi. On se demande : « Et si je me plante, si je ne fais pas le bon discours, si je n'arrive pas à donner du courage à la salle ? Et si je n'arrive pas à parler ? » On se trouve parfois très moche, les yeux cernés, grossie, enlaidie, parfois on se plaît aussi. C'est fou, l'image distordue qu'on peut avoir de soi-même. Se voir remonter une allée sur un écran géant. On se dit : « Tiens, c'est moi ! » C'est le summum du narcissisme mais c'est aussi terriblement déroutant de se voir. C'est un exercice assez fou : on se regarde et on doit aussi tout donner aux autres. Honnêtement, la politique à ce niveau requiert un véritable entraînement physique et psychologique. Il m'est arrivé de bloquer sur des détails complètement dérisoires avant d'entrer en meeting. Pour ces raisons-là, de stress intense, de distorsion. Je ne me plains pas, je ne travaille pas en usine mais c'est étonnant quand on y pense. Ce qui passe par la tête d'un candidat ou d'une candidate sur un enjeu pareil est difficilement explicable. Mais les entourages le comprennent, c'est eux qui essuient le stress, ramassent les humeurs ou les moments de mutisme complet. J'aime mon équipe pour cela. Parfois, je m'en excuse maladroitement mais c'est vrai qu'ils ont essuyé beaucoup d'inattendu. Je pense par ailleurs que c'est aussi valable chez Nicolas Sarkozy. Il a dû connaître le même stress, les mêmes euphories, les mêmes émerveillements. François Bayrou aussi d'ailleurs, car son aventure présidentielle est à peu près aussi incroyable que la mienne. Un peu sorti de nulle part. Et pouvant créer la surprise. C'est une croissance accélérée, une campagne. Un véritable entraînement. Et quel que soit le jugement de valeur qu'on peut porter sur moi, j'ai cet entraînement. Je crois bien, en réfléchissant un peu et sur le ton de la plaisanterie, que nous ne sommes pas nombreux en France à avoir été finalistes d'une présidentielle. Et au-delà de la plaisanterie, je veux gagner la prochaine fois, forte de cette expérience hors du commun. Donc, je réfléchis dans ma bulle, puisque les sondages annoncent tous ma défaite, je réfléchis aux meilleurs moyens, à la meilleure attitude, au meilleur chemin pour y arriver..

Mentir vrai ou parler vrai ?

Paris, le 19 septembre 2008

Elle a annexé ce nouveau territoire. Un petit salon au premier étage de cette brasserie élégante du boulevard Montparnasse. Son quartier général, situé à cinq minutes de ses bureaux. Salon cosy, rideau épais qu'on tire pour être tranquille. Sa cantine pour petits déjeuners, déjeuners, dîners, ces rendez-vous discrets qui échappent même parfois à son équipe. Goût forcené du secret, à tel point que seules les initiales des gens qu'elle rencontre apparaissent sur l'agenda distribué aux membres de son cabinet. « Trop de fuites, dans la presse », m'explique-t-elle un jour. Ici, l'endroit lui permet de retrouver les économistes qui travaillent pour elle, les amis artistes, ceux qui veulent la voir sans être forcément vus, parfois aussi son équipe, pour prendre l'air, sortir de la ruche Raspail, parler d'autre chose et surtout ailleurs. Le personnel est très chaleureux, ce qui est si rare à Paris. Deux tableaux un peu ternes sont accrochés aux murs. « Je devrais exposer des artistes de Poitou-Charentes, en faire ma pièce, vous ne croyez pas ? » lance-t-elle en entrant. Radieuse. Elle sort quelques heures de son immersion préparatoire au Zénith, mais interdiction d'en parler. C'est le contrat du jour. Parler du monde mais ne pas parler du Zénith. Ségolène Royal a le goût du secret. « Je veux faire un rassemblement révolutionnaire, totalement nouveau, totalement joyeux. » Le matin, elle a visité la salle qu'elle veut éclairer comme un concert. Je me moque de cette « Boum à Ségo ». Pas vexée pour deux sous, elle assume. « Et alors, une fête d'anniversaire pour remercier ceux qui me soutiennent et pour qui je continue. De toute façon, ce n'est pas le PS qui finance, ce sont nos contributions, y compris la mienne, je fais ce que je veux. » Inutile de s'aventurer plus loin. La case « Zénith » s'est déjà refermée. Elle n'est pas là pour ça. Elle s'inquiète depuis quelque temps de la tournure de ces entretiens. Se demande si un tel livre peut intéresser les gens. La question n'est pas aussi directe mais elle est posée, de façon elliptique et récurrente. Ce livre, elle n'en a parlé à personne. Même son cabinet n'est au courant de rien, hormis son attachée de presse. Regrets de s'être lancée dans cet ouvrage, ou envie de continuer, d'aller au bout ? Les rendez-vous ont toujours été difficiles à obtenir, souvent reportés à la dernière minute, parfois maintenus par on ne sait quel miracle, mais depuis la rentrée tout est bataille, négociations sans fin pour avancer à petits pas. Elle rechigne et s'emballe. Ce jour-là, je me demande bien à quelle sauce ce livre va être mangé. « Souhaitez-vous vraiment qu'on continue ? » Voilà, je me jette à l'eau, attendant la réponse-guillotine. « Oui, évidemment. Mais je ne suis pas certaine que ma vie intéresse les gens à ce point. » Ouf, sauvée encore une fois. Le droit d'avancer d'une case. Aujourd'hui, la case « Monde ».

Au-delà de la diplomatie, qui n'est qu'un aspect de la compréhension du monde, comment voyez-vous le monde aujourd'hui ?

En fait, lorsque je ferme les yeux, que je réfléchis à cette question, je vois d'abord ces images de gens ballottés, déplacés à l'échelle planétaire. L'image du Darfour, d'abord, et plus généralement de l'Afrique. Ces déplacements de population me crèvent le cœur, je pèse mes mots. Ces hommes au regard perdu, les femmes qui tentent de faire survivre leurs enfants. Ça me tord le ventre. Le sida aussi. Tous ces gens fauchés, décimés, et l'industrie pharmaceutique cynique qui ne lève pas un petit doigt. C'est certainement lié à ma naissance, mais c'est toujours l'Afrique, les malheurs de l'Afrique, qui occupent en priorité mon esprit. Même si je suis persuadée que le XXIe siècle peut être le siècle de l'Afrique si nous nous donnons les moyens d'y parvenir. Quand j'entends le discours honteux de Sarkozy sur l'homme noir qui n'aurait jamais pris sa place dans l'Histoire, je suis révoltée. Comment peut-on proférer de telles insultes et surtout de telles âneries, ou plutôt contre-vérités.

Je vois vraiment ces déplacements de population, ces gens qui crèvent de faim, qui massacrent ou se font massacrer, et parallèlement les sortes de ghettos des pays riches, repliés sur eux-mêmes, repus, et à l'intérieur de ces pays riches, une montée des pauvretés, des précarités, et des gens qui peu à peu vont décrocher de la démocratie, se détourner de la politique dont l'impuissance les aura trop déçus, blessés, pour sombrer soit dans l'indifférence, soit dans la violence et le nationalisme. Je sens bien cette obsession du fric, qui fascine d'autant plus qu'on n'en a pas, mais en même temps je sens un monde qui a soif de spiritualité. Un monde qui cherche peut trouver refuge dans les intégrismes mais aussi utiliser cette soif de spiritualité pour créer vraiment du nouveau.

Malraux avait mille fois raison…

Absolument, chaque année qui passe lui donne raison. Nous sommes en 2008 et nous savons tous que la vie d'un siècle dépend beaucoup des premières années, de ce qu'on impulse comme direction dans les premières années d'un siècle. En fait, nous sommes à un point critique, un point où rarement l'humanité aura eu à subir cette triple crise : économique, politique et psychologique.

Il faut donc devenir fort pour créer de la cohérence et mettre ce siècle sur de bons rails, même si tout démontre aujourd'hui qu'il va dans le mur. Moi, je voudrais être une articulation, vous voyez ? Une femme politique française mais tournée vers le monde, sortir de l'ethnocentrisme, du franco-français, et surtout cesser d'utiliser la scène internationale pour redresser l'image sur la scène nationale. Ça n'est pas uniquement le travers de Nicolas Sarkozy. C'est le travers de tous les chefs d'État français. Jacques Chirac a fait un tabac avec son joli : « La maison brûle et nous regardons ailleurs. » Il est remonté de quelques points dans l'opinion mais tout cela retombe vite. Tout cela, c'est un miroir aux alouettes.

Ou plutôt le chemin de la facilité…

Oui, peut-être. Il faut agir autrement, plus sérieusement. Plus sobrement.

C'est marrant de vous entendre parler de sobriété. Je ne vous sens jamais sobre, ni dans votre boulimie de médias, de com, ni dans votre boulimie d'action, de déclarations. Que se passe-t-il?

Je ne sais pas. Je réfléchis... De toute façon, là je suis dans mon Zénith. Et je ne sais d'ailleurs pas si je vais faire campagne pour le congrès. Je ne sais même pas si c'est utile. De toute façon, il y a un autre congrès dans deux ans. Je m'interroge là-dessus, profondément, en ce moment. Je répète, je travaille sur le discours, très sérieusement. Je voudrais mettre de la densité dans ce discours, moi-même je me demande si toutes ces années de politique intense, de dictature de l'instant, si tout cela ne m'a pas, ne nous a pas tous rabougris. Hier, je suis allée au Théâtre du Soleil. J'ai discuté avec des comédiens. Je parle beaucoup avec Ariane Mnouchkine que je respecte, dont j'admire le talent et l'humanité. Je réfléchis vraiment beaucoup. À toutes ces valeurs qui fondent l'humanité. Vous trouvez que nous sommes médiocres, non?

Ça n'est pas le mot que j'emploierais. Je trouve, et c'est aussi valable pour la droite, pour la vie politique globale de ce pays et, si on élargit, de la planète, je trouve effectivement que la vision du monde s'est appauvrie, que cette dictature de l'instant, comme vous le dites, cette dictature médiatique vous emmène tous à prendre le superficiel pour l'essentiel. Je dirais, comme Plutarque dans Les Vies parallèles, *que la faiblesse intérieure est la seule chose à combattre pour un dirigeant. Et parfois j'ai le sentiment que vous n'y arrivez pas.*

De quelle faiblesse parlez-vous?

Je ne sais pas. Cette incapacité que vous avez tous et toutes à résister à la com, aux médias, à aller au facile, à l'instant. Un événement et crac une réaction et crac une polémique, et ainsi de suite, toute la journée, toute la semaine. Et nous suivons comme des moutons, de plus en plus abrutis parce que vous ne réfléchissez plus et nous non plus. C'est assez désolant en fait.

Hou là là, je vous sens d'humeur sombre aujourd'hui !

Non, absolument pas. Puisque vous m'interrogez sur ma vision de la politique et de ceux qui la font, je dirais que la rigueur devrait être la règle. Nous en sommes désormais à acheter Le Monde, Libé, Le Parisien, Le Figaro, *les hebdos et, une fois par mois,* Closer, Voici *ou* Gala. *Tout est là.*

Je sens comme un reproche...

Oui et non, mais l'autre jour j'ai eu une conversation avec François Hollande. Il me disait que nous, les journalistes, nous transgressions tous beaucoup trop. J'ai cru que j'allais mordre. Qui transgresse, on se demande un peu ?

Là, c'est carrément de la colère. Ne m'engueulez pas (*rires*).

Non, je ne vous engueule pas mais y en a marre, pour tout dire. De Carla et Nicolas, de François et Ségolène, et puis plus François et Ségolène, et de Rachida. Elle a quand même le droit d'être enceinte et de refuser de dire qui est le père !

Vous avez totalement raison sur ce point. C'est sa liberté. Ce qui me fait sourire c'est le lynchage en règle de Rachida Dati. Portée aux nues et vouée aux gémonies. Tout finit par se voir en fait, c'est ça la morale de l'histoire. C'est pour ça que je ne partage pas votre sévérité sur la com. Elle est nécessaire, mais aucune opération de communication ne pourra au final masquer la vérité d'une personne ou d'une action. Je ne me pose qu'une question à l'égard de Rachida Dati. Au-delà du très beau symbole, et carton jaune à la gauche de ne pas l'avoir fait avant, au-delà du très beau symbole, est-elle oui ou non une bonne garde des Sceaux ? La réponse est non, de mon point de vue. Peut-être a-t-elle poussé trop vite. En tout cas, ses réformes sont injustes, elle ne comprend pas les magistrats, ils ne parlent pas la même langue. Elle est là aussi pour préserver les intérêts de Nicolas Sarkozy. Tout finit toujours par se voir. Un an, deux ans, dix ans, la vérité remonte toujours du fond du puits. Comme vont se voir, de plus en plus, la connivence intenable, intolérable entre le chef de l'État, la haute finance, les grands patrons. La soirée au Fouquet's n'est pas une simple anecdote. Elle dit tout de ce clan qui va mettre le pays en coupe réglée. Et certains socialistes participent à tout cela. Moi, ça ne m'intéresse pas. Je ne connive pas avec ces gens. Même s'il m'arrive de les rencontrer, de dîner avec eux, ils ne sont pas mes amis, ils ne portent pas mes valeurs. Donc, pour en revenir à la com, elle est nécessaire, mais pour diffuser des idées et des actions durables. Sinon, je vous le répète, elle ne marche pas. Regardez le mensonge médiatique général sur Nicolas Sarkozy. Il allait tout changer. Regardez un an et demi plus tard où nous en sommes : nous reculons. Moi, je ne veux pas me renier. Je ne veux rien renier. Pas plus ma campagne que Désirs d'avenir.

Qui vous demande de renier Désirs d'avenir ?

Certains de mes conseillers. Sur le thème : « Tu comprends,

c'était formidable pour la campagne, mais ça ne sert pas à grand-chose finalement. » Ça me met hors de moi.

Désirs d'avenir, ce n'est pas une marque, c'est une idée majeure. Personne n'a trouvé mieux que ce titre « Désirs d'avenir ». Tout le monde a un désir d'avenir. Quant à ceux qui composent mon association, heureusement qu'ils étaient là. Depuis deux ans. Et surtout ces derniers mois. Ils ne m'ont jamais lâchée, eux, vous entendez, jamais. J'ai même rencontré une mamie qui me suit dans tous mes déplacements. Depuis le mois de mars 2006, à Privas, en Ardèche, qui est en fait le véritable lancement de ma campagne, le jour où vous vous êtes dit : « Il se passe un truc », cette dame me suit chaque fois qu'elle le peut. Perdu ou gagné, elle est là ; elle prend le bus, se déplace, à Caen, en Bretagne, elle sera au Zénith. Où trouve-t-on pareille fidélité ? Chez les militants socialistes, à la base, dans le peuple. Je ne renierai jamais Désirs d'avenir. Je leur dois tellement.

Ils seront à ce meeting...

Je préfère dire rassemblement. Meeting, c'est l'estrade, en haut, le pupitre, la tribune, et tout le monde devant, en bas. Meeting, c'est un chef et ses troupes. C'est très masculin. Je cherche autre chose, je cherche à installer autre chose entre les gens et moi. Une relation plus horizontale. Pas pyramidale. C'est fini, les pyramides. C'est terminé ! En tout cas, moi, je n'en veux plus. Je veux de la cohérence. Et qu'on avance ensemble. Rassemblement me convient très bien.

Jusque dans les moindres détails, vous, alors !

Oui, les mots ont un sens ! Il faut tout réinventer. Pour

créer de l'espoir. C'est ça le but, l'espoir, l'espoir, l'espoir. Voilà, je cours dans mon couloir, je veux courir dans mon couloir, je ne regarde pas le couloir d'à côté, qui court et comment… Je veux parler vrai.

La lune sur le Parthénon

Athènes, le 3 octobre 2008

Il fait doux. Le soleil est couché depuis une heure mais l'été n'en finit pas, s'étire dans les rues et sur les collines de cette ville bruyante, surchargée, vivante. Une circulation anarchique, des klaxons, des sonos montées à fond dans le petit parc qui fait face au Parlement. Des titres kitch… *L'Été indien* de Joe Dassin, version techno. On parle fort, on rit, on trinque. L'Orient est à la porte. C'est l'heure de la relève de la garde devant le Parlement d'Athènes. Drôles de petits soldats avec leurs bonnets rouges et leurs chaussures à pompon. Geste fastidieux, au ralenti… et une et deux et trois… le public est aux anges. Sur la terrasse qui surplombe ce joyeux vacarme, Ségolène Royal épluche les dépêches et les articles de la presse grecque. Tous élogieux. Trop peut-être. L'un d'eux titre en toute simplicité : « Royal, Premier ministre de la Grèce. » Elle connaît bien la Grèce. Elle y est venue déjà deux ou trois fois. Pour des vacances en famille. Aujourd'hui, c'est le Pasok qui l'a invitée. Ce parti socialiste grec pour lequel elle est encore et toujours l'une des figures majeures de la gauche européenne. Le magnat de la presse Christos Lambrakis a mis à sa disposition le Megaron, une salle de conférences et de concert ultramoderne. Il attendait 800 personnes. 1 200 étaient là. Pour l'écouter évoquer, avec sérieux, la crise financière et les solutions pour en sortir. Loin du Zénith et de ce stand-up politico-artistique, Ségolène Royal, ici, a retrouvé ses réflexes présidentiels. Mais le Pasok n'était pas le seul à l'attendre. Irène Papas a semé la stupeur, lors du déjeuner à l'ambassade, en demandant à Ségolène Royal de lui remettre l'insigne de grand chevalier des Arts et Lettres, accordée à Paris par Nicolas Sarkozy mais jamais reçue par l'actrice. « S'il vous plaît, Ségolène, je voudrais que ce soit vous et vous seule qui le fassiez. » Gêne de l'ambassadeur, étonnement et grand éclat de rire de l'ex-candidate qui improvise un petit discours et remet l'insigne. Les deux femmes s'embrassent, s'encouragent mutuellement. Quelques heures après, elle n'en revient toujours pas. De quoi ? De ces élans, de ce respect qu'elle ressent dans chacune de ses rencontres officielles. Encore ce décalage incompréhensible entre la musique médiatique française et l'accueil à l'étranger. Depuis deux jours, elle noue des contacts, s'intéresse de près au Parti socialiste européen et à l'Internationale socialiste, dont le président n'est autre que Georges Papandréou, le responsable du PS grec. L'idée fait son chemin… pourquoi pas l'Europe, et l'arme de la social-démocratie. « L'Internationale socialiste, c'est une marque extraordinaire dans la crise que nous traversons », s'enflamme-t-elle. Elle n'en dit pas plus, et replonge dans ses dépêches. La lune brille en croissant au-dessus du Parthénon. Un tableau fascinant qui efface un instant les convulsions du monde.

Mais que c'est beau ! C'est d'une beauté extraordinaire. Voilà, simple et majestueux. Un coucher de soleil, un ciel tourmenté. Au premier plan, on voit la ville moderne, mais rien ne me choque. Tout a l'air de s'emboîter parfaitement, l'Acropole, la ville moderne, les collines. Je suis émue parce que, chaque fois que je vois l'Acropole, je me dis que c'est ici que la démocratie a été inventée, la philosophie, une nouvelle façon de penser le monde, l'humanité, les rapports entre les citoyens.

Vous aimez la Grèce ?

Oui, même si je regrette de ne pas avoir appris le grec à l'école. J'ai le sentiment qu'il faut se replonger dans cette culture et qu'on y trouve déjà toutes les clés pour transformer le monde. Je relis Platon en ce moment. Je l'ai d'ailleurs cité dans mon discours, hier. La métaphore du char ailé dans *Phèdre*. Ça m'a frappée, ce parallèle avec la situation actuelle. Sans la raison et la sagesse pour le brider, le capitalisme est entraîné dans une course folle, cette course que les Grecs appelaient *hybris*. Je crois qu'il faut revenir à la source, toujours. Et à la vie des dieux. Qui explicite la gamme complète des comportements humains. Lorsque je suis venue ici, j'ai visité évidemment, en touriste, l'Acropole et surtout le Parthénon, le temple dédié à Athéna...

La figure d'Athéna ne peut que vous plaire !

Naturellement, guerrière et sage, ça me convient tout à fait. Je dirai que ce qui me convient encore mieux, c'est la bagarre entre elle et Poséidon pour donner son nom à Athènes. Il fait jaillir de l'eau un cheval pour faire la guerre, elle fait jaillir un olivier pour nourrir le peuple... et elle gagne.

Toute ressemblance avec des personnages existants, etc. C'est une histoire éternelle. Celle de Minerve et de Mars. La victoire des arts et des lettres sur la force pure. Faire du souverain un philosophe, c'était le rêve de Platon. On en est loin, tout de même, madame Royal!

Ce serait mon rêve aussi, mais je ne suis pas certaine que l'agenda chronophage nous laisse le temps. Donc j'attrape au vol des instants, des rencontres, des lectures. C'est vrai qu'on est ici à Athènes mais qu'il y a un génie des peuples, pour chaque peuple. Ici, je ressens que ce peuple, qui a souffert de la dictature, a développé une autre force, autre chose. Il y a quelque chose de plus fort qui unit, même si les nouvelles générations semblent l'oublier. Il y a aussi un lien très fort à l'Europe, à la France, où beaucoup ont trouvé refuge dans leur exil. Ils ont toujours quelque chose à nous apprendre sur les libertés. J'ai ressenti cela aussi au Chili et en Argentine. Une façon différente de voir le monde, moins de contorsions dans le comportement. Plus direct.

C'est vrai que vos pas vous portent toujours vers ces pays-là, que vous vous y sentez plus à l'aise qu'ailleurs.

J'aime beaucoup les États-Unis, le Proche-Orient ou même l'Asie, mais ma sensibilité, c'est vrai, ma vision du monde de demain me portera toujours d'abord vers l'Afrique, l'Inde, ou ces pays qui ont fait tant d'effort pour émerger. C'est fort, ce verbe émerger. Il induit de la force vitale, de la puissance, le combat, la volonté de s'en sortir, de s'arracher à sa condition. Cette force vitale me touche et j'ai naturellement envie d'accompagner le mouvement. Je suis en fait très attentive aux êtres humains, au peuple. Je suis touchée par la beauté des bâtiments, les vestiges de l'histoire… les pyramides saisissent votre âme, comme la Grande Muraille de Chine, mais aucun monument au monde n'a la valeur d'une seule vie humaine. Vous comprenez ce que je veux dire ? Je veux vraiment comprendre le peuple, les peuples, et les respecter.

Je vous ai sentie frileuse et pour tout dire assez imperméable à l'Orient, au Proche-Orient.

C'est vrai que je suis passée un peu à côté de Jérusalem en décembre 2006. La visite était tellement courte. Et puis je ne voulais pas improviser sur les lieux saints. Je voulais prendre le temps. Julien Dray m'a proposé une visite, le soir, incognito, du Mur, du tombeau du Christ et du mont du Temple, mais j'ai refusé. Je n'avais pas l'esprit libre pour vraiment ressentir la grandeur, la spiritualité de ces lieux. Et puis ce voyage était très épuisant nerveusement. J'ai été profondément touchée par le musée de l'Holocauste, Yad Vashem. Touchée aussi par ma rencontre avec les jeunes Israéliens à Jérusalem et les jeunes Palestiniens à Gaza. Je voulais vraiment me rendre à Gaza et rencontrer Mahmoud Abbas là-bas et non pas à Rammalah. Ce qu'il a accepté malgré les conditions de sécurité extrêmement précaires pour lui, en raison de la mise sous tutelle de la bande de Gaza par le Hamas. Je voulais vraiment faire ce geste-là, ressentir aussi cette réalité-là. J'ai pu rencontrer le gouvernement israélien, Ehoud Olmert et Tzipi Livni pour ne citer qu'eux. Alors que la polémique enflait à Paris sur ma rencontre avec un député du Hezbollah, deux jours auparavant, à Beyrouth, dans un cadre totalement transparent, je le rappelle, et en présence de l'ambassadeur de France ainsi que de tous les représentants de tous les partis libanais, malgré cette polémique montée en épingle à Paris par l'UMP et les relais médiatiques de Nicolas Sarkozy, le gouvernement israélien a refusé de rentrer dans cette manipulation de bas étage du candidat Sarkozy, dont il est pourtant proche idéologiquement. Nous avons pu avoir pendant quarante-huit heures des discussions politiques serrées et claires avec le gouvernement israélien. Avec le Premier ministre, auquel j'ai rappelé que je comprenais les contraintes sécuritaires d'Israël mais qu'il fallait cesser les survols par l'aviation israélienne de la base de la FINUL située au Sud Liban, à Naqoura. Mais aussi avec Tzipi Livni, que j'ai rencontrée en tête-à-tête. Je lui ai parlé de l'intolérable situation de Gaza et lui ai redit ma conviction absolue qu'il ne peut y avoir d'avenir sans la création d'un État palestinien, avec bien sûr la garantie de la sécurité d'Israël. J'ai aussi rappelé ma fermeté à l'égard du régime iranien et du processus d'enrichissement de l'uranium en Iran, je n'ai fait aucun compromis sur cette question, je me suis même exprimée publiquement lors d'une conférence de presse à l'hôtel King David de Jérusalem. Je le redis, même si cette question a provoqué des polémiques sans fin pendant la primaire, je ne veux pas être de ces dirigeants qui diront : « Désolés, nous ne savions pas. » Dans une situation aussi complexe, je me garderais bien de jugements à l'emporte-pièce... je suis comme tous les dirigeants, très inquiète de l'enchaînement de la haine mais je suis intimement persuadée que la situation du Proche-Orient, extrêmement convulsive, dangereuse, peut aussi forger une nouvelle génération de dirigeants, musulmans, chrétiens ou juifs, une génération qui n'a pas les faiblesses intérieures des précédentes et qui sera à la hauteur des situations. Pour le peuple. Encore une fois, en France ou à l'étranger, le rôle d'un dirigeant est d'avoir pour seule et unique obsession : le peuple.

Justement, quelle serait la diplomatie de Ségolène Royal si vous étiez chef de l'État ?

Plus je voyage, plus je m'entretiens avec les uns et les autres, sans formalisme, plus je réalise que le défi principal pour le XXIe siècle, c'est la capacité à répondre au choc des cultures qu'on ne comprend pas forcément mais qui existe, cette capacité à dialoguer jusqu'au bout pour créer une cohésion planétaire. Passer de Mars à Minerve, ou si vous préférez de Poséidon à Athéna. Je ne dis pas évidemment que seules les femmes peuvent le faire, mais je crois que dans leur approche d'un problème les femmes sont plus pragmatiques, plus douces et plus intuitives que les hommes. Il faut parfois de la force douce pour délier un problème diplomatique, pas seulement de la force.

Ma diplomatie serait une diplomatie avant tout de confiance, égalitaire. J'ai totalement éliminé de ma vie cette culture un peu franchouillarde, ce complexe de supériorité qui mine par avance nos relations avec les autres. Il y a une hypersensibilité de nos homologues à ce complexe. Dans n'importe quelle réunion internationale, la réflexion, c'est : « Tiens, voilà les Français qui débarquent. » Cette façon presque ridicule que nous avons de faire la leçon au monde entier quand nous-mêmes, nous sommes incapables de régler nos problèmes dans notre propre pays. La France a un rôle majeur à tenir dans le monde mais pitié, sans arrogance ! On n'en peut plus de cette arrogance. On arrive à obtenir beaucoup plus de résultats diplomatiques en ayant, certes, l'imprégnation historique de la France qui dépasse largement ceux qui l'incarnent ponctuellement, mais en mettant d'abord en avant une compassion et une écoute profondément égalitaire. Le dialogue, ça n'est pas vous, juché sur votre estrade, et les autres en contrebas qui écoutent. Le dialogue, c'est une relation horizontale, de personne à personne. Et un dialogue, ça n'est pas forcément deux personnes d'accord. Un dialogue peut aussi être émaillé de coups d'éclat. Ça n'est pas le problème. Le point de départ doit être : « Est-ce que je respecte profondément ou pas mon interlocuteur. Avec toutes ses différences. » Voilà ma diplomatie. C'est à la fois simple et compliqué à mettre en œuvre car on se heurte d'abord à ses propres limites, il faut sans cesse dépasser, ouvrir et ouvrir encore, et puis au protocole, aux vieilles lunes habituelles, aux préséances, mais qu'importent les préséances. Il faut dialoguer, dans le respect de l'autre sans oublier son propre intérêt et celui de son pays. Vous savez, on dit toujours que la France est un phare. Mais un phare, ça n'éclaire jamais ses pieds ! La France doit adopter un modèle de comportement humaniste et éclairé, qui soit en adéquation avec nos valeurs de liberté, égalité, fraternité. On ne peut plus laisser ces trois mots croupir dans une armoire.

En l'occurrence, on a bien entendu « Fraternité » au Zénith, il y a une semaine !

(*Rires.*) Oui, et si on ne l'avait pas entendu, la presse se serait chargée de le rappeler. Non mais c'est fou, ce déluge de commentaires ! On m'a même comparée à Le Pen !

Taratata ! Ne faites pas l'innocente, vous aviez envie de jouer un bon tour à tout le monde !

J'avoue, j'avoue, mais grimper aux rideaux, hurler comme des vierges effarouchées et raconter n'importe quoi au fil des éditos parce que je me suis coiffée au Babyliss, que je portais une tunique bleue et un jean, vous parlez d'une transgression ! Si c'est ça transgresser, on est des millions à s'asseoir sur notre surmoi ! (*Éclats de rire.*) Je me demande bien ce que vous auriez raconté si Bertrand Delanoë avait fait ça. Vous vous seriez tous extasié : « Mon dieu, il est génial, quelle créativité, quel culot, quelle liberté de ton ! » Et si ça avait été Martine, merveilleux, forcément merveilleux, avec une tunique africaine, quelle révolutionnaire, cette Martine ! Mais moi, non ! Forcément ce que je fais est nul, forcément moi c'est à quitte ou double ! Forcément je fais de la com ! Ne vous en défendez pas, je parle globalement. Et si vous saviez à quel point je m'en moque.

Honnêtement, on a parlé de mes bras, de mes jambes, de mon corps… Elle a maigri, elle est belle, elle est comme ci mais pas assez comme ça. Et en plus, Le Pen ! non, là c'est un peu trop ! Mais je suis forte du Zénith. C'est moi, point à la ligne !

C'est vous, c'est-à-dire ?

C'est moi, tout ce que j'aime dans la politique : le rassemblement, la joie, le discours, l'élan, une forme de transgression qui fait grincer les mutilés du cœur, mais je ne suis pas responsable de certains blocages. Faut-il être neuneu pour hurler au sacrilège, à la secte, alors qu'on ne dit jamais rien à Marie-George pour sa fête de *L'Huma*, qu'en Italie, la fête de *L'Unità* passe comme une lettre à la poste et que tout le monde s'extasie devant la campagne d'Obama ! Mais c'est fou, non !

(Sa chef de cabinet, qui attend discrètement depuis quelques minutes, lui apporte un grand quotidien français... Elle se plonge dedans, réfléchit et explose d'une colère amusée.)

Et allez, les imbécillités continuent ! Mais bon, la photo est belle...

Vous vous aimez en photo au Zénith ?

Ah oui alors ! Et pourquoi j'aurais ce genre de fausse pudeur ? Je trouve que ça me va bien ce que je porte. Je me sens bien dans ma peau, mes baskets. Et je n'aurais pas le droit, mais au nom de quoi ? C'est ça, nous les femmes on devrait s'habiller en chiffons, ne pas se maquiller et aller tristement prononcer un discours triste derrière un pupitre mais « pas trop longtemps, s'il te plaît, ma cocotte, si d'aventure, c'était intelligent ce que tu dis ! ». On devrait se cacher, s'excuser d'être là ? S'excuser d'aimer la vie, de vouloir rayonner, belles, moins belles, pas belles... Tout le monde est beau quand il est cohérent avec lui, quand il est en accord avec lui ! Stop les délires ! Je revendique le Zénith, je revendique mon statut de femme, je revendique le droit de prendre du plaisir à faire de la politique ! Ah mais !

Je vois que le Zénith vous a fait le plus grand bien…

Absolument, et puis c'était mon petit secret et ma joie totale. Pour la première fois, mes quatre enfants étaient là. Pas loin. Habituellement ils ont horreur de se mêler à ça, aux activités politiques de maman, à part bien sûr Thomas pendant la présidentielle. Mais les autres restent très éloignés de tout cela. Ça les protège aussi. Mais là, non, ils étaient là, tous les quatre avec leurs copains et leurs copines, tous mes amis étaient là aussi. Personne ne saura à quel point j'ai travaillé sur ce texte, sur cette journée, pour que tout se passe bien, que tout soit du bonheur. À quel point je me suis arrachée de moi-même pour me dépasser, et tout le reste m'importe peu. Je suis fière de moi, de nous, de mon équipe merveilleuse qui a tout monté avec trois bouts de ficelle, sur sa force et son intelligence. Quant à Dominique Besnehard, sans lui, il n'y aurait pas eu de Zénith. Et ça n'est pas ma faute si je donne des boutons aux aigris !

Il y aura d'autres Zénith ?

Oui, à te regarder, ils s'habitueront, dit René Char. Et en plus ils me copieront. C'est certain. Tous ceux qui me critiquent feront pareil dans quelques années, vous verrez. Aujourd'hui, pas un ne peut attirer 4 000 personnes sur son nom, à part Sarko bien sûr mais vous verrez. De toute façon, la vérité est ailleurs. Ce qui les a fait se déchaîner, en *in* ou en *off*, c'est la phrase : « Rien ne me fera reculer ! » Ça, pour eux, c'est terrible. Ils se disaient au fond : « Bon, on va laisser Ségolène faire son Zénith et comme ça, après, elle ne nous emmerdera plus. » Il y avait de ça dans les commentaires. Raté. Je suis là aujourd'hui et demain. Ici, à Athènes, demain à Paris, après-demain à Florence, la semaine suivante à New York. Ils sont méprisants et bluffés. Voilà la vérité. Quant à certains éditorialistes à bac plus dix, je m'en contrefiche ! Qu'ils sortent de leur bureau, de leurs dîners en ville, qu'ils aillent voir un peu comment on vit dans ce pays. Ce sont des gens éminents, respectables, forcément très intelligents, mais parfois totalement à côté de la plaque. Que ceux qui ont fait leur édito sur moi et qui ont vu le rassemblement de la Fraternité lèvent le doigt. Allez, j'attends… pas un seul d'entre eux n'était là ! Vous imaginez si moi je me mettais à parler de ma région sans jamais y mettre un pied ! Ou si Martine parlait de Lille sans jamais y être ou Bertrand de Paris en étant toujours ailleurs ! Qu'est-ce qu'on ramasserait ! Et là, M. Machin, Mme Machine m'exécutent en règle sans avoir fait le moindre effort pour au moins venir voir ! C'est fou, non ? C'est comme ce papier dans un journal sur mon voyage à Boston fait par un journaliste depuis Paris. Je rêve. Si la politique ne tourne pas rond, votre petite forteresse médiatique non plus, Françoise…

Disons que nous marchons ensemble. Si les politiques affaiblissent le débat, l'analyse s'affaiblit et vice versa. Nous sommes des jumeaux inextricablement liés.

Oui, c'est vrai mais je persiste à croire que ça ne tourne plus rond médiatiquement. Sur le Zénith, c'est flagrant. Ils m'ont quasiment tous critiquée au vitriol. Effet désastreux, et puis les gens sont allés voir par eux-mêmes, effet plus positif. La démocratie médiatique, c'est l'un des défis du XXIe siècle. On ne peut plus accepter ce verrouillage, ces quatre personnes qui parlent, ces vingt médias qui relaient et ces trois instituts de sondages qui assomment. Ces grands esprits qui écrivent à l'aune d'une seule question : est-ce que c'est bon ou pas pour la politique. La réponse dans mon cas est faite depuis la primaire : Ségolène Royal, c'est mauvais pour la politique, point ! Et en plus j'ai le facteur aggravant : je suis une femme. La ministre des Affaires étrangères grecque me disait hier une chose très juste : « De nous les femmes, en fait, on attend les erreurs. » C'est très vrai… ça a été valable pour moi, bien sûr, pour Hillary, dans la primaire. Toujours les mêmes papiers, « pas de faux pas » ou bien « faux pas » pour Hillary, Ségolène. Ou alors, autre registre très féminin, on ne sait pas décider ou on change d'avis. Ah, le changement d'avis, la tarte à la crème ! Sarkozy, qui dit tout et son contraire, est un dirigeant moderne, souple, qui sait s'adapter. Moi, je soupèse les choix mais ça devient : « Elle est inconstante. » Forcément, souvent femme varie, n'est-ce pas ? Nous avons vraiment à lutter contre des millénaires de caricature. Mais ça ne me fait pas peur.

*Tagore, que j'admire, pensait que le XXI*e *siècle devait être celui des femmes, pour rompre avec le pouvoir machiste et établir un pouvoir fondé sur la réciprocité. C'était très révolutionnaire par rapport à son creuset culturel.*

Oui, Tagore est un visionnaire. Voilà pourquoi j'aime tant la poésie, parce qu'elle montre et dit ce qui ne se voit pas. Mais Olympe de Gouges le disait aussi. Elle estimait qu'il fallait absolument que les femmes prennent leur place et que les hommes l'acceptent pour faire naître une vraie démocratie. En règle générale, tous les philosophes, tous les chercheurs s'accordent aujourd'hui à dire qu'il faut aller vers ce siècle des femmes, qui n'écrasent pas les hommes mais au contraire les complètent.

Comme les deux ailes d'un oiseau…

C'est beau ça. Oui, j'aime cette image, comme les deux ailes d'un oiseau. Il faut chacun nous dépasser. Nos idées reçues, mutuelles. Je le vois dans la simple gestion d'une équipe politique. Nous sommes en pleine préparation de congrès. Je vois comme chacun tente de pousser ses pions pour favoriser son courant, me pousse dans mes limites pour guetter le moment où je vais dire stop, tente de créer un rapport de forces inutile que j'essaie d'adoucir sans pour autant tomber dans la faiblesse. C'est compliqué de gérer ces rapports homme-femme en politique. Je ne sais pas comment résoudre ce problème si je suis en campagne une prochaine fois. À part une escouade de porte-parole qui expliquent, chaque jour, que les problèmes du monde ne sont pas plus résolus par les hommes que par les femmes. Qu'ils sont résolus par la volonté, féminine ou masculine. Je fais aussi le pari que l'opinion aura changé. D'ailleurs, à ce propos, une députée m'a raconté aujourd'hui qu'elle avait rencontré Hillary Clinton il y a trois ans. Elle se préparait pour l'investiture mais restait très prudente. Elle lui avait expliqué en substance qu'une femme ne pourrait être élue à la tête d'une grande puissance comme les États-Unis que lorsqu'un Noir aurait été élu. Comme le premier tabou qu'il fallait lever pour ouvrir la voie. C'était en 2005 et personne ne connaissait Barak Obama. Quelle prescience !

Regardez comme c'est beau… cette lune. C'est magique. L'instant ne reviendra pas. Et je n'ai même pas d'appareil photo sur moi.

Moi non plus. Bon, tant pis. Vous pensez en fait que la France est verrouillée, ou bien tout simplement que ce pays s'est assagi et que finalement tout cela lui convient assez bien.

Pas assagi, non, totalement étouffé. Si on pousse le raisonnement jusqu'au bout du bout. Sarkozy est élu, c'est comme ça. Il aurait pu, dans sa folie, secouer la France jusqu'au bout et dire : « Lâchez-vous, enrichissez-vous, engraissez-vous les gars, allez-y, vive la libre entreprise, faites-moi tourner la boutique, vous avez carte blanche ! » Il aurait pu aller au bout de sa logique… pour faire bouger, rompre, son grand mot, nous l'aurions combattu avec d'autant plus de force mais il aurait pu. Eh bien non, rien pour les entrepreneurs, la recherche, la jeunesse, l'intelligence, la culture, tout ce qui fait qu'un pays bouge vraiment. Rien, du chloroforme. Et on vient me chercher querelle pour un Zénith. Franchement, si je ne cherche pas maintenant de nouvelles voies, je le ferai quand ? J'aurais voulu le faire pendant la présidentielle mais je n'ai pas eu le temps. Je veux un dialogue direct avec les gens, et de la joie. On n'a pas besoin d'une armada pour ça. On travaille comme des brutes, groupés, ensemble. Petite équipe, grand résultat.

Ça, c'est votre côté roulotte, gitane !

C'est bien la première fois qu'on me traite de gitane ! Vous êtes créative…

Non, je veux dire ce côté « groupé », petite troupe, ensemble, dans la roulotte. On part ensemble, on travaille ensemble, on voyage ensemble. C'est à mille lieues de l'image que les gens ont de vous.

La faute à qui ? À moi. C'est vrai pour la roulotte et le campement gitan. J'aime qu'on se retrouve souvent, entre gens qui ne se blessent pas et se conviennent. Après le Zénith, on est tous partis à la maison à Boulogne. Ça débordait, j'étais heureuse. J'avais osé. J'ai fait tomber un mur de plus dans ma tête. J'ai osé, ce n'était pas gagné. Lorsqu'on s'est vues cet été, j'étais dans le doute extrême. Là, j'ai pris ma décision et je vais me donner tous les moyens pour atteindre le but. J'ai pris cette décision parce que je crois encore que j'ai objectivement un avenir et que je peux être utile à la France. Les éléphants sont pathétiques à s'accrocher ainsi. Lionel Jospin a été un très grand Premier ministre, il est très bon sur beaucoup de dossiers mais devient irrationnel sur le parti. Il mute et perd toute sa grandeur. Laurent Fabius est brillant, c'est probablement l'un des plus cultivés. Et il reste là, enfermé, caché maladroitement derrière Martine pour le congrès, et on se demande bien ce qu'il peut encore espérer. Au lieu de mettre leur intelligence, leur réflexion au service du parti et de l'Europe et pousser en avant une nouvelle génération. Je ne les comprends pas. Vraiment, croyez-moi, pour moi c'est une énigme. J'espère que je ne finirai pas comme ça. Si un jour je suis K-O, j'irai ailleurs, dans une autre activité. Là, c'est malsain.

C'est de l'addiction, en fait. Aux médias, à la politique dans ce qu'elle a de plus excitant. Les meetings, les stratégies, les lignes de clivage. Vous êtes tous comme ça…

Pas moi, contrairement à ce que vous croyez. J'ai résolu mon problème personnel pour ce congrès, à savoir présenter une motion, accepter de le faire et monter une vraie équipe politique, bref passer un accord, me contraindre à ces lois d'airain. Je suis heureuse d'avoir dépassé cela. Mais je le répète, si un jour je suis K-O politiquement, je ferai autre chose.

Vous avez vu la lune ? Regardez… C'est sublime.

Nafplio, le 4 octobre…

Une heure et demie de route depuis Athènes. Une heure et demie parce que le gouvernement grec a mis spontanément à disposition une escorte et un officier de sécurité femme pour accompagner Ségolène Royal dans ses moindres déplacements. Sinon, c'est trois heures. Une grande partie d'autoroute. À chaque péage, des barrières levées et deux policiers grecs qui font le salut au passage de la voiture. Elle ne les voit même pas, perdue, à l'avant du véhicule, dans ses pensées, qui glissent sur les collines et les oliviers. « Tu as vu, Ségolène, ils te saluent », lui lance sa chef de cabinet, Blanka. « Ah bon ? C'est sympa, mais il ne fallait pas se donner tout ce mal. » Et elle replonge dans ses pensées. Parfois elle sourit, parfois elle essaie d'envoyer des SMS qui passent mal ici. « Ils passent, vos textos, Françoise ? » Non, évidemment, les miens ne passent pas non plus. Nous voilà, trois dans cette voiture, totalement obsédées par des messages qui ne partent pas et d'éventuels messages qui pourraient ne pas arriver. Ici, ailleurs. Et puis c'est la route de montagne, pour franchir la crête et redescendre sur Nafplio. Une nouvelle escorte prend la relève, elle salue, un peu lointaine, le regard fixé sur les oliviers. Mutique.

La veille, son ami Jean, ancien exilé politique, intellectuel raffiné, l'a entraînée dans un endroit étonnant. Un train sur une voie de la gare d'Athènes. Chaque wagon est d'origine, il y a même un wagon de l'Orient-Express. Dans ce train, l'épouse de Jean, Tatiana, crée avec sa compagnie des spectacles toute l'année. Hier soir, répétition générale. Les comédiens ont souhaité la rencontrer. Elle est arrivée, un peu timide, un peu gênée, vers 23 heures. Grands éclats de rire, embrassades rougissantes. Et elle s'est assise au premier rang pour regarder. Une pièce musicale enfantine, fraîche et malicieuse. Applaudissements. Séances de photo. Chacun veut poser avec elle. Tatiana l'admire et le lui glisse à l'oreille : « Continuez, et sachez que vous êtes toujours la bienvenue dans mon train. » Étrange lien de cette femme avec les artistes. « Je voudrais être artiste parmi les artistes », confie-t-elle en remontant dans la voiture. Rien à voir avec le Zénith. Non, c'est certainement plus lointain. Ces rêves que l'on fait, ce monde où malgré la compétition et les ego existent des moments de grâce intense, si rares en politiques. Depuis sa défaite à la présidentielle et sa séparation d'avec François Hollande, elle recherche ce monde. « C'était formidable hier soir. J'ai adoré. » Ça y est, le silence est brisé. La journée peut commencer à Nafplio, qui apparaît en contrebas. Un petit port de pêche, des volets bleu lavande, un ancien amphithéâtre, une forteresse perchée sur un piton. Image idéale d'une Grèce idéale. Une terrasse ensoleillée, une valse de plats qui s'accumulent sur la table : pain, olives noires, calamars frits, salades, desserts. Gargantuesque.

Oriental. Elle picore, goûte à tout, boit, interpelle le serveur, rigole avec lui. Aujourd'hui, Ségolène Royal fait relâche. Son portable sonne. « On rappellera ! »... et elle coupe. Aucune envie aujourd'hui, dit-elle, de se faire des nœuds dans la tête. Surtout à quelques mètres de l'eau.

Vous êtes un vrai poisson. La moindre flaque, le moindre petit bout de mer et hop, tout va mieux.

Vous avez vu ça ? Oui, j'ai besoin de l'eau. C'est le lien le plus naturel entre les hommes. L'eau relie tout. J'aime l'eau. Elle m'apaise. La regarder, m'y baigner, suivre un cours d'eau. J'aime toutes les mers, vous savez, l'océan Indien mais aussi la mer du Nord. J'ai aimé ma petite virée en Suède, en juillet 2006, pendant la primaire. Nous étions sur l'île de Visby. J'en garde un souvenir inoubliable. De toute façon, je suis bien en Méditerranée mais j'aime infiniment l'Europe du Nord. Son modèle économique, sa façon de vivre avec l'environnement, son ouverture au reste du monde. Je me sens très bien en Suède et au Danemark. En fait, je crois bien que j'aime tout... Reprenez des olives, ça ne fait pas grossir !

Merci. Vous êtes à l'évidence plongée dans le congrès, mais votre adversaire reste tout de même Nicolas Sarkozy. En fait, on ne sait pas vraiment comment vous le voyez, Nicolas Sarkozy, hormis ce que vous en dites dans la bagarre politique au quotidien.

En fait, je n'y pense pas souvent. Je n'ai jamais beaucoup analysé mon adversaire. C'est aussi vrai pour mon entourage. Je prends les gens tels qu'ils sont. C'est une force parce qu'on a donc ainsi toujours de la distance, qu'on n'est pas seulement obsédé par la cible. Mais c'est aussi une faiblesse. Parce qu'on ne sait pas finalement ce que les gens ont derrière la tête, on n'anticipe pas assez. Là, je commence à changer, à m'armer différemment. Je travaille sur les autres. C'est assez curieux pour moi. Rien dans mon cursus ni dans mon histoire familiale ne m'a jamais poussée à ça, bien au contraire. D'ailleurs, en règle générale, en France, nous sommes arriérés dans ce domaine. Dans certains pays on va chez le psy ou on consulte les psychologues d'entreprise comme on va chez son poissonnier. Il n'y a aucune honte à cela, c'est même normal. En France, il y a un tabou terrible là-dessus. Mais je m'arme pour y travailler. Avec des gens qui connaissent la politique, l'entreprise et ce qui noue ou dénoue les rapports humains. C'est passionnant. J'apprends beaucoup. Je me dis : « Tiens, la prochaine fois, je dirai plutôt ça que ça. » En fait, il faut toujours chercher à s'améliorer. Dans la présidentielle, j'avais des forces personnelles innées que je n'ai pas su valoriser. En revanche, là je prends le temps d'acquérir des connaissances, même humaines, que je n'avais pas. C'est passionnant.

Vous étudiez donc Nicolas Sarkozy ?

Oui, je m'y intéresse beaucoup plus qu'avant. J'ai lu plusieurs livres écrits sur lui, j'essaie de comprendre à travers ce qu'il dit le type d'homme qu'il est vraiment. Je n'y passe pas beaucoup de temps mais je me pose et je réfléchis sur ce personnage. Et ce que je lis correspond à peu près à ce que je pensais confusément de lui, sans toutefois le théoriser.

Il y a des aspects de sa personnalité qui vous intéressent ?

Oui, naturellement. De toute façon, dans tout combat politique, comme dans le sport, il y a forcément le respect de l'adversaire. J'espère qu'il me respecte, plus en tout cas que ses sbires. Moi, je respecte l'adversaire même si je dois le combattre au sang. Je dirais d'abord, sur le point le plus positif, c'est qu'il a une énergie incroyable. Qu'il bouge et veut faire bouger. Il est iconoclaste, c'est évident. Mais je crois que ce qui me gêne le plus chez lui, c'est son manque de morale, son amoralité. J'ai l'impression vraiment qu'il illustre bien l'expression « sans foi ni loi ». Chez Chirac, il y avait quand même une forme de morale, de respect des valeurs. Bien sûr, il y avait les exécuteurs des basses œuvres, la main droite qui ne veut pas savoir ce que fait la main gauche, mais il y avait tout de même, en fond d'écran, une forme de respect des valeurs. Chez Sarkozy, je ne ressens rien de tel. Il ne cache pas son avidité, sa boulimie d'argent, de sensualité, de plaisir. Il y a une forme de cynisme poussé à l'excès, comme de la provoc permanente, celle d'un adolescent qui voudrait épater la terre entière. Sauf qu'il est chef de l'État. Il est l'enfant du SAC de Pasqua, il est l'héritier de Ponia. Et il est un vrai idéologue. Ultra-libéral. Et il s'en vante presque. Sa grande habileté a été de conjuguer cette forme d'amoralité et l'ouverture politique. C'est une stratégie de conquête assez classique mais très efficace. Au jeu d'échecs, je pique les pions de l'adversaire et je fais mat à l'étouffée. Il étouffe l'adversaire. On infiltre aussi les équipes en face. On repère les faiblesses. Ça, c'est typiquement le cas Besson. Maillon faible qu'on va chercher sur sa faiblesse. Le sentiment de ne jamais avoir été reconnu à sa valeur dans le parti, plus une dimension affective à l'égard de François Hollande et un sentiment de punition de ma part. Le cocktail est détonant. On flatte et on intervient là où ça fait mal. Besson est un exemple parfait, idéal, de la bonne prise de guerre au bon moment. Du jamais-vu dans une campagne présidentielle. Et puis on espionne les équipes d'en face, on fait du renseignement, grâce à ses anciennes fonctions ministérielles. Imaginez les moyens dont il a disposé après avoir été si longtemps à Beauvau, après avoir tissé un réseau aussi large dans l'appareil policier et du renseignement de l'État. On travaille aussi les rédactions de l'intérieur, on a ses espions petits ou grands, on est au cœur des chaînes de télé, au cœur de la machine, on promet, on contraint, on menace. On intervient sur les points faibles. Procès en incompétence. On tape là où ça fait mal, très mal. Le privé. On prend les gens droit dans les yeux, « tu mérites tellement mieux que ce qu'elle va t'offrir ». Kouchner, DSK, tous ces gens ont été contactés pendant la campagne, entre les deux tours. Tous. Et certains avant le premier tour. Il leur disait : j'ai des sondages secrets, c'est foutu pour elle.

Vous avez été un peu trop candide ou amateur dans ce domaine ? C'est la vie de toute campagne, non ?

Moi non, mais mon équipe oui. J'étais l'une des rares, avec Jean-Louis Bianco, à avoir l'expérience de l'Élysée, de la politique à très haut niveau, j'étais consciente de beaucoup de choses. J'avais même un téléphone confidentiel, qui n'était pas à mon nom mais à celui d'un lointain collaborateur. J'ai utilisé ce téléphone pendant la campagne pour ne pas être écoutée ou même suivie. Vous savez que, quand votre portable est allumé, on peut l'utiliser comme une véritable balise ?

Oui, c'est assez classique. Sur le personnage Sarkozy, vous avez découvert quoi ?

J'ai été totalement sidérée par l'interview de son père qui explique en gros qu'il a réussi l'éducation de ses enfants parce qu'il leur a transmis le goût de l'argent et des femmes. Tout va bien. Je ne suis pas pouet pouet, mais quand même. C'est hallucinant et c'est surtout sans morale. Il a aussi le talent du mensonge. Il s'est bien entouré, notamment d'Henri Guaino, sombre et lyrique. Et tous les deux se sont mis à nous raconter une histoire totalement hurluberlue. Le pauvre petit-fils d'immigrés qui allait boire des menthes à l'eau avec son grand-père. Ils ont réussi, et ça, c'est le coup de génie, à nous faire croire qu'il avait changé. Ils sont très forts dans l'art du camouflage. Ils ont réussi à occulter les histoires d'argent, le train de vie, le tempérament. Dans une campagne à l'américaine, tout serait sorti, tous les manquements à la morale. La presse américaine est suffisamment libre pour propulser un journaliste pendant des semaines dans une enquête et sortir un portrait. Je veux dire un vrai portrait. Seul *Marianne* a eu le cran de dire les choses. Mais à part ça, qui ?

Sarkozy, en résumé, c'est un immense mensonge, c'est une imposture.

Mais il y a des aspects de son caractère qui vous intéressent, que vous trouvez positifs ?

Oui, il est transgressif, super-transgressif, même. Ça, c'est très intéressant. Moins maintenant parce que la fonction le contraint beaucoup plus, mais il y a chez lui une forme de passage à l'acte qui évidemment est sa force politique principale. Avec Carla, c'est quand même gonflé. Hormis le réflexe du macho qui ne veut pas rester seul trop longtemps à la face du monde, il assume publiquement qu'il a besoin d'elle pour vivre ; qu'il en est quasiment dépendant. Je ne suis pas certaine — je suis même certaine que non —, que tout cela aille avec la fonction de chef de l'État, mais puisque vous me demandez de décrypter l'animal Sarkozy, je trouve ce point chez lui assez intéressant.

Vous diriez qu'il a du culot, comme vous ?

Oui, mais c'est plus que du culot, c'est vraiment une pulsion. De toute façon, on n'arrive pas là où nous sommes sans avoir en commun un certain nombre de fractures, ou un ego gros comme ça (*elle fait le geste*), même si, croyez-moi, je me soigne sur le mauvais aspect de l'ego. Il y en a un bon qui vous permet d'entrer dans des salles, d'affronter les débats télévisés et les journalistes. Il faut jeter à la rivière le mauvais. J'y travaille.

Donc, en résumé, moi aussi je transgresse et j'ai du culot… j'ai ça mais en mieux je crois ! (*Éclats de rire.*)

Il y a un domaine qui pourtant paraît vous tétaniser, c'est le parti. Là, vous perdez toute forme de créativité, d'originalité. Je vous ai vue, depuis deux ans, dans ces grand-messes type conseil national. Vous paraissez éteinte, sur la défensive, incapable de vous détendre. Pourtant, ça fait quasiment trente ans que vous êtes membre de ce parti, vous avez été ministre, vous avez écumé en long en large et en travers la France pour aider vos amis à faire campagne, même dans les pires moments. En 1993, avec Claude Bartolone, vous étiez presque sûrs tous les deux d'être réélus dans le naufrage… 57 députés PS au final, et pourtant vous avez joué tous les deux les sapeurs pompiers pour tout le monde. Expliquez comment on en est arrivé à un tel malentendu avec ce PS dont vous avez aussi, ne l'oublions pas, présidé le conseil national.

Je ne sais pas. J'ai toujours été sur le terrain, dans ma circonscription ou au gouvernement. J'ai toujours agi de mon mieux, mais le parti est confisqué par l'appareil, il ne faut pas confondre l'un et l'autre. J'ai toujours été très méfiante aussi à l'égard de ce que j'entendais. Les piapiapia des uns et des autres. J'ai toujours gardé un pas de recul par rapport à l'appareil socialiste. J'ai toujours pris du champ. Tout en répondant toujours présente pour les campagnes. Je ne peux même pas dire combien j'ai fait de campagnes dans ma vie. Combien de villages, de déplacements. C'est fou. Ça muscle. J'ai pris du champ, et ça aussi je l'ai payé assez cher après, lorsque j'ai voulu exister. Mais c'est vrai que je connais bien ce parti, contrairement à ce qu'ils pensent…

Et à ce que vous laissez penser. Vous savez parfaitement comment ça fonctionne. En fait, c'est une ruse.

Oui, je sais, même si je ne connais pas chaque premier responsable fédéral par son nom je connais ce parti. J'aime bien laisser penser que je rame pour ne pas les vexer, tous ceux qui me disent : « Laisse, Ségo, je vais m'en occuper, de toute façon, c'est pas ton truc. » Je le connais parfaitement. Le connaître et aimer les éléphants, ce sont deux choses différentes.

J'ai l'impression que la question vous agace…

Non, je réfléchis à ce que j'ai raté. Peut-être un manque de souplesse. Mais nous nous sommes tous fait si mal mutuellement… Je sais parfaitement comment fonctionne un groupe, un parti, une dynamique gouvernementale, le cœur de l'Élysée. C'est ça que les gens ne savent pas. Je n'ignore rien du fonctionnement de l'État. Je connais toutes les institutions de l'intérieur. Je connais les arbitrages. J'ai vécu sept ans au cœur de l'Élysée. Je sais comment fonctionnent les procédures. Ça n'a pas changé d'un iota d'ailleurs… quand je vois actuellement les bêtises du gouvernement, les arbitrages et les rapports de forces stupides. Je crois que je suis bien plus capable de gouverner que Sarkozy. Il n'a pas de visibilité là-dessus. En plus il a un mépris de l'Ena, de la haute administration ! Et si vous méprisez la superstructure administrative, à un moment donné elle vous bouffe. C'est ce qui est en train de se passer. Il est bouffé au sens où il n'arrive plus à réformer, parce qu'en plus il est incohérent dans ses décisions. Vous ne pouvez pas gérer l'État, diriger l'État, élaborer les textes, les décrets d'application, faire gober au Parlement un certain nombre de choses si vous ne savez pas ou si vous méprisez le fonctionnement. La machine se grippe et se venge. Un jour c'est un truc, le lendemain c'est autre chose. Ça n'est plus de la politique, c'est du slalom géant, et encore, plutôt de la luge.

De la luge? Vous voyez Nicolas Sarkozy comme un enfant?

Non, mais parfois infantile, oui. En tout cas, avec un manque de tenue et de dimension personnelle évidente. Quand il m'a reçue à l'Élysée, peu après la défaite, pour parler de l'Europe, je l'ai trouvé assez médiocre dans le comportement. Il n'y avait pas de hauteur, d'allure, d'élan, de fair-play. Il aurait pu dire : « Félicitations, nous avons bien combattu, vous portez dix-sept millions de voix. » Non, rien, il était là, les bras ballants, à m'offrir des chocolats, à essayer de me faire parler de ma séparation d'avec François Hollande, à dauber sur des journalistes, à exhiber sa montre et à me dire qu'il était là mais qu'il aurait pu être ailleurs « à faire du fric ». Pas méchant mais pas l'allure. En fait, il est bien plus fade qu'on ne le croit. Sa force vitale est impressionnante mais c'est vraiment un m'as-tu-vu. Fade, c'est le mot que j'emploierais. Un petit gamin heureux d'être au milieu de ses nouveaux jouets, vous savez, le môme qui a gagné le pompon sur le manège. Avec sa petite étoile de shérif et son pistolet en plastique, son déguisement de cowboy. Il est monté sur le plus grand cheval et il a décroché le pompon. Bingo !

Ça vous met en joie, la métaphore… et vous, vous êtes où là-dedans?

Moi, sur la soucoupe volante ou le poney, vous voyez. La petite avec les couettes, c'est moi. Quant à ce pauvre François Bayrou, il n'a même pas pu monter sur le manège. (*Elle éclate de rire.*) Normal, c'est Claude Guéant qui donnait les tickets à l'entrée…

Ça vous fait du bien de délirer comme ça, dans l'enfance ?

Oui. Tout est tellement lourd, grave et douloureux quand on se bat politiquement, que je m'accorde ces petits moments de plaisanterie. Mais bon, Nicolas Sarkozy peut encore faire ses preuves.

Si vous vous ressemblez autant sur certains points, notamment la transgression, vous auriez eu des similitudes dans la façon de gouverner ?

J'aime travailler avec des objectifs, canaliser mon énergie. Le pouvoir ne me dérange pas. Je n'ai aucun complexe à l'exercer, de façon assez saine d'ailleurs. Je n'ai pas de fascination pour l'argent, je me moque des voitures de luxe, j'ai des goûts assez ascétiques en fait. Je n'ai pas d'avidité de possession. Je ne me suis jamais vautrée dans les attributs du pouvoir. Prenez le système nordique, austère et réglo, c'est un bon exemple d'exercice simple du pouvoir. D'ailleurs, vous avez vu les endroits où je vis. Je ne possède rien de plus mais rien de moins non plus qu'une cadre sup qui aurait vécu en couple avec un cadre sup. C'est à l'image de ma vie. Je n'aime pas l'épate. La seule chose que je veux, quand j'exerce une autorité, et j'ai exercé beaucoup de responsabilités, c'est que les décisions soient prises et appliquées, point. C'est ça, le pouvoir. Ça n'est pas se servir, tergiverser, donner des coups de volant. Le pouvoir sert à servir, point. Il doit être efficient et aller au but. Pourquoi je fais ça, quel est le but ? Je me pose toujours cette question. Quel est le but ? Je réfléchis à toutes les facettes d'un problème, mais quand je prends une décision, je l'assume jusqu'au bout et je veux qu'on l'applique. Je ferais un très bon chef d'État.

J'en suis sûre aujourd'hui, même si les critiques de la campagne et de l'après-campagne ont pu semer un instant le doute dans mon esprit. C'est une forme de victoire qu'ils ont tous failli remporter : parvenir à me faire croire que j'étais inadaptée à la fonction. C'est faux. Et d'ailleurs, ils le savent bien. Je recommence à les inquiéter. Pareil dans le parti. Si vous saviez où on en est arrivé pour l'écriture commune de la motion. La virgule, le point d'interrogation, l'alinéa, des nuits entières à discutailler sur deux phrases au lieu d'une... allô la terre ! comme dirait Sophie Bouchet-Petersen, allô, redescendez les gars, c'est fini ! J'ai même eu droit au chantage amical... si tu ne fais pas ça, on ne fait pas ça. Bon, très bien les amis, mettez donc votre virgule, ajoutez donc un point, la face du monde en sera changée, c'est certain ! Honnêtement, ce vieux parti, du balai !

Pourtant, je n'arrive pas à croire que vous n'avez pas déjà une issue de secours si vous ne gagnez pas le congrès, comme cela semble probable.

Oui, bien sûr, je suis dans le coup d'après, c'est normal, j'ai des portes ouvertes... heureusement que personne ne connaît. Il ne se passe rien et un jour, hop, j'apparais là-bas.

Le PSE, ce serait une issue ?

Pourquoi pas ? L'Internationale socialiste aussi... je réfléchis. Mais on peut imaginer autre chose. Pour le moment, j'ouvre des portes. Mais il faut gagner le match intermédiaire. Sans en faire surtout un combat vie-mort. Il n'y a qu'un seul combat vie-mort, c'est quand votre vie ou celle de ceux que vous aimez est menacée. Le reste, c'est assez dérisoire. Donc, rester très zen et très groupés. J'aime cette idée de groupe, d'équipe, de métaphore sportive, ça fédère. Ça fait baisser la tension d'un cran. Ça dédramatise les situations qui ont toujours tendance à s'enflammer dans les périodes de congrès. Quand vous dites : « Toi tu portes le ballon et toi tu attends qu'on te le passe », d'un seul coup tout le monde se sent mieux. Même si c'est assez étonnant de prime abord. Serge Simon a testé une fois, en réunion politique. Il a tenu ces propos qui ont légèrement froissé, c'est un euphémisme, des membres de mon équipe politique, mais je trouvais ça finalement très sain. L'entrechoc des deux mondes. Le rugby et la politique. Mais j'ai eu droit à quelques commentaires acerbes. Que voulez-vous, pour ouvrir les chemins, on taille dans les ronces. Et ça pique.

Mais c'est un peu de la manipulation, ça, parce que, au final, on a le sentiment que c'est toujours vous qui prenez la décision...

Oui, mais elle peut être amendée. De toute façon c'est moi qui prends les chocs. Vous accompagnez le mouvement, c'est tout. C'est comme sur une yole ronde martiniquaise. Je barre et vous accompagnez le mouvement et c'est tout. Si on tombe à l'eau ou si on perd la course, c'est moi qui assumerai. Sur le terrain, je sens beaucoup. Je connais les gens, je vois comment ils se comportent avec le public, je vois l'attitude arrogante ou pas d'un élu. Je ne supporte pas l'arrogance, encore moins dans mon équipe. Je n'ai pas besoin d'un dessin. En trente secondes vous voyez tout cela. Parfois, vous résistez et vous restez sur vos choix, parfois vous jetez l'éponge. Je ne supporte pas les manipulateurs et les geignards… Le summum, c'est Jack Lang qui a instauré le harcèlement en stratégie de conquête. Dix, vingt, trente coups de fil, matin, midi et soir. On finit toujours par céder. Très efficace mais totalement insupportable. Il gagne toujours par K-O.

Aujourd'hui, vous êtes l'une des leaders de la gauche française et européenne, battue à la présidentielle mais très certainement en route pour concourir à l'investiture de votre parti en 2011. Vous vous situez comment sur l'échiquier féminin mondial ?

(*Elle réfléchit.*) En fait, je ne pense jamais à cela. J'y ai pensé pendant la campagne. Je me disais que le monde aurait pu avoir une autre face avec Angela, moi et Hillary dans les sommets internationaux. Nous aurions certainement impulsé autre chose. Néanmoins, en réfléchissant un peu, nous sommes assez peu nombreuses, dans les supposées grandes puissances, à avoir affronté le suffrage universel, à avoir fait quasiment jeu égal avec les hommes. Il y a Hillary Clinton, bien sûr, avec ce système américain très particulier. Dix-huit millions de voix dans sa primaire, c'est très fort. Sonia Gandhi, en Inde, que j'ai rencontrée. Naturellement Angela Merkel, là aussi avec un mode de scrutin différent, Michelle Bachelet au Chili et Christina Kirchner en Argentine. C'est vrai que nous sommes assez peu nombreuses, mais je ne veux pas faire injure à d'autres pays où des femmes gouvernent mais qui sont moins en vue, comme le Liberia.

Mais finalement, ce que l'aile la plus orthodoxe du PS vous reproche, c'est ce messianisme de gauche qui les dérange, cette ferveur, ce côté Evita Perón.

Ah oui, le procès en ferveur ! Je l'avais presque oublié, celui-là. Le lien avec le peuple, le lien avec les gens, les gens simples. Ce serait donc un péché, si grave. Quelle horreur ! Avoir un lien avec le peuple ! Et une femme, en plus ! Sarkozy, Chirac, Mitterrand, les foules debout, qui se bousculent pour serrer les mains, toucher, prendre en photo, ça c'est tout à fait normal. Mais une femme, non ! Impossible. Moi je serais donc Evita Perón. Culte de la personnalité, etc. Écoutez, au risque de vous choquer, au risque de faire s'étrangler la bonne conscience de gauche, je pose une simple question… pourquoi devrait-on laisser aux dictateurs, à l'extrême droite la plus infâme ou l'extrême gauche la plus indigne le droit d'entraîner les foules, d'aller ensemble vers un but démocratique ? C'est quoi cette crétinerie, cette fausse pudeur de la gauche, qu'on retrouve à nouveau dans les slogans du congrès : « Le parti des supporters ! » Déjà à Rennes, c'était le même crincrin, le parti des supporters contre les militants chimiquement purs modèle lambertiste. Il y aurait les pauvres idiots aveuglés et les êtres supérieurs, le militant supérieur, catégorie AOC, et les dégénérés. Mais si ça ce n'est pas de l'intolérance, on se demande bien ce que c'est ! Pourquoi la gauche renoncerait-elle au charisme ? Au nom de quoi ? Quant au messianisme… pardon mais je ne me prends pas pour le Messie. Non, juste une femme politique qui refuse de faire de la politique de façon désincarnée. Ça n'est pas contraire à la raison, ça veut simplement dire que les gens reprennent espoir. Que cet espoir passe par quelqu'un et c'est bien normal ! Qui trouverait à redire aux bains de foule de Chirac ou de Sarkozy ? Et pourquoi moi je serais messianique ? Eh bien je crois au pouvoir de la transcendance, pour s'élever au-dessus de soi-même sans forcément pratiquer une religion. Basta tous ces clichés.

En fait, en discutant avec vous depuis deux jours, je me rends compte que vous planchez très sérieusement sur votre prochaine campagne. Avec de nouvelles références qui sont apparues, on l'a vu, dans le discours du Zénith.

Oui, j'ai cité Mandela parce que c'est un niveau de politique que je voudrais atteindre, de sagesse aussi. La phrase que j'ai citée est extraite de son discours d'investiture à la présidence de l'Afrique du Sud en 1994… « En faisant briller notre propre lumière, on permet aux autres de faire briller la leur. En se libérant de nos peurs, on libère aussi les autres ! » Vous imaginez la puissance de ce discours d'investiture ! C'est à ce niveau-là qu'il faut amener la politique en France. Articuler les deux : le matériel et les valeurs, la transcendance. Je lis beaucoup en ce moment. J'ai des modèles, essentiels pour moi. Mandela, Gandhi, Luther King. Je ne veux plus jamais mettre ça dans ma poche. Je le dois aux gens, aux électeurs. L'offre politique est évidente, elle est de gauche, elle est moderne, tout le monde le sait. Mais qu'est-ce qui peut redonner du sens, du souffle, de l'espoir à ce pays, si ce n'est les valeurs que nous partageons tous. Ne prenez pas les citoyens pour des idiots. Et je me prépare, c'est vrai, très sérieusement, à tous les niveaux.

Mais la gestion du temps est complexe… temps court, le congrès, temps moyen, le faux plat qui va jusqu'à la désignation et temps long la présidentielle si vous gagnez la primaire.

Je n'ai aucun problème de gestion du temps, c'est ma force absolue. Il y a la courbe asymptotique, la tendance de fond si vous voulez, et il y a les oscillations. Je ne m'occupe pas des oscillations. Je cours dans mon couloir avec mes objectifs. L'important, c'est la tendance de fond. L'écume des vagues, je m'adapte.

Pensez-vous qu'il y ait une place pour créer une nouvelle formation politique ?

Il y a un besoin, c'est certain. Une place, je ne sais pas encore. C'est très compliqué dans le calendrier qui nous mène jusqu'à 2012. Nous y sommes presque déjà. Mais c'est vrai qu'il faut réfléchir. Là, au PS, si l'on continue comme ça, on finira en squelette. On est déjà quasiment à l'os. Ou au trognon, je préfère le dire comme ça, c'est biodégradable ! Mais la question se pose vraiment. L'UMP est déjà sur le pied de guerre pour 2012. Ils travaillent sur leurs réseaux, étoffent Internet, tiennent les médias et ça, pour nous, c'est incontournable. Pour faire un nouveau parti, les européennes ne suffisent pas. Il faut faire un très beau score aux législatives. Par ailleurs, on ne peut pas laisser en rade les militants socialistes. Toute la perfidie, et je dis bien perfidie des anciens dirigeants, c'est de dire : « J'aime les militants, je respecte les militants. » C'est faux ! C'est eux qu'ils aiment avant tout ! S'ils avaient vraiment aimé les militants, ils auraient commencé par respecter leur vote en novembre 2006, qui me donnait 60 % des suffrages, et m'aider dans la présidentielle. Ils ne l'ont pas fait sauf Delanoë, qui a été parfaitement réglo, donc la question aujourd'hui est: peut-on continuer avec ce parti et, si on en crée un autre, comment amène-t-on les élus et les militants à changer? Imaginez le bazar! Reconstituer un autre parti efficient et prêt pour battre la droite, et naturellement Nicolas Sarkozy qui n'aura aucune raison, même s'il est impopulaire, de ne pas se représenter? C'est très compliqué. Et puis le PS gagne les élections locales même si certains dirigeants ne sont pas à la hauteur. Il a une base très solide même si ses dirigeants ne sont pas à la hauteur. Mais c'est vrai, je réfléchis très sérieusement. Tout le problème, c'est le vote du congrès. Les gens ont-ils suffisamment de sagesse pour balayer le vieux parti? Je ne sais pas. La solution serait évidemment un score écrasant au congrès. Mais je n'y crois pas. Enfin... pas vraiment. Et croyez-moi, je ne prendrai pas un parti strictement ingouvernable, où je passerais mon temps à me demander quelle peau de banane on va me glisser sous les pieds.

Mais ce vieux parti se révolte en rappelant que vous n'êtes pas vous-même née de la dernière pluie. L'Élysée à vingt-huit ans, vingt ans de mandat de députée, conseil régional... On ne peut pas dire que vous apparteniez à la nouvelle génération.

Certes mais tout est question de méthode. Je connais d'ailleurs des jeunes de ce parti qui sont déjà vieux. Et des plus âgés encore très jeunes. Tout est question d'état d'esprit et de remise en cause de soi-même. Le sectarisme me fatigue, nous use et nous tue. J'espère qu'il ne gagnera pas à Reims.

Vous imaginiez à seize ans que vous en seriez là ? À envisager de créer un nouveau parti ?

À votre avis ?

Non !

Gagné ! non, à seize ans je voulais juste survivre…

(Le téléphone sonne. Un dirigeant fédéral dont le numéro s'affiche. Deuxième tentative. Elle regarde, laisse sonner…)

Ils rappelleront… On disait quoi ? Ah oui, à seize ans… absolument pas. Et vous ?

Moi, je suis mégalo de toute façon, donc rien ne paraît trop grand. Donc tout me semble trop petit !

Je vois !

Mais vous n'aviez pas des rêves de grandeur, des rêves de changer le monde ? Je ne sais pas, moi, sauver l'humanité, trouver un vaccin, devenir rock-star, les trucs habituels quand on est ado et qu'on s'ennuie métaphysiquement.

C'est-à-dire que je ne comprends même pas de quoi vous parlez, lorsque vous évoquez l'ennui métaphysique. Je ne m'ennuie jamais. Je n'ai jamais eu ce genre d'angoisse. De toute façon, dès qu'on commençait à s'ennuyer, ma mère nous disait : « Allez, venez. Tiens, tu t'ennuies, tu vas voir… » (*Rires.*) Ça n'était pas : « Tu vas faire la vaisselle ou les carreaux ! » Non, c'était : « Viens, on va faire quelque chose ensemble. Se promener, lire… on va voir le coucher du soleil, ou ramasser des herbes. » Ma mère est extraordinaire pour ça. Elle ne nous a jamais laissés nous ennuyer. C'est très utile. Je ne m'ennuie jamais. Je ne suis jamais dans l'occupationnel non plus. Remplir le temps pour le temps. J'aime aussi me poser. Je sais ne rien faire. Une vraie couleuvre. Le soleil, que voulez-vous, ça marque la peau, le corps, le cœur. Se poser au soleil. Ne rien faire et ne même plus réfléchir. Se laisser aller. Au soleil. Méditer. Bonheur.

Pour en revenir à votre adversaire, car nous avons pris les chemins de traverse, vous l'analysez donc actuellement. Vous trouvez qu'il change.

Oui, il s'épaissit. La plupart des grands médias le soutiennent, il a tout l'appareil d'État à sa disposition : Intérieur, Justice. Il ne faut pas le sous-estimer. Il est redoutable. Par ailleurs, la prochaine fois, si c'est moi, il ne faut pas se louper. Sinon les gens se diront : « C'est fini pour les femmes. On a déjà donné. » Donc je ne laisse rien au hasard. Technique de management pour mon équipe, nouvelles technologies, Internet, et moi-même je me structure beaucoup plus. Je me discipline... C'était le grand reproche de la présidentielle, non ? Je me souviens de papiers titrant : « Elle n'en fait qu'à sa tête ! » Eh bien voilà, j'en fais un peu moins à ma tête.

J'ai progressé, vraiment. C'est vrai que la présidentielle, l'expérience de la présidentielle, c'est un acquis que personne n'a, à part Jospin bien sûr.

Le serveur apporte des desserts. Des beignets. Des fruits. Des gâteaux au chocolat. Son officier de sécurité, Fernand, revient avec un grand sourire. « Ça n'était rien, ils faisaient juste des photos de la mer et de la forteresse. » Ils... trois jeunes gens un peu étranges, passant et repassant devant les tables, avec des portables à la main. L'inquiétude de la photo volée. Du paparazzi déguisé en promeneur. « Merci, Fernand. Et ouvrez l'œil », répond-elle calmement. Chaque mois ou presque, Ségolène Royal retrouve une photo volée dans un magazine. Les dernières remontent à l'Italie, sur une plage début septembre. « J'avais un air de pochtronne sur le sable, ils auraient pu publier de plus jolies expressions », commente-t-elle en riant, en avouant quand même que la une en maillot de bain sortant de l'eau lui a plu. « Et même pas retouchée ! Ça a du bon de maigrir. » Elle plaisante, elle plaisante, mais la traque l'insupporte.

Je sais bien ce qu'ils cherchent tous…

Vous avez jusqu'ici parfaitement réussi à vous cacher. Vous êtes une vraie Mata Hari. Vous brouillez les pistes. C'est drôle, cet été, tout le monde vous cherchait en Corse, vous étiez en Martinique, tout le monde fouillait à Mougins, vous aviez déjà filé en Bretagne.

Bien obligée. Ça ne veut pas dire que j'ai quelque chose de particulier à cacher. Ça veut dire que je n'accepte pas qu'on me suive. Il y a une part de nous-même qui doit rester à nous… Regardez comme la mer est calme. On a beaucoup de chance. La chaleur de l'été sans le vent. Il y a toujours du vent en été, ici, on en serait presque ivre. Nous sommes dans le Péloponnèse, vous saviez ?

Non, je n'y avais pas pensé.

Et pendant ce temps, quelque part, dans la cave d'une fédération d'un département situé bien au nord de la Loire, on fabrique des fausses cartes à la ronéo… (*Éclats de rire.*)

Vous ne pouvez pas vous empêcher de vous moquer de ce parti, décidément !

Eh oui, qui aime bien châtie bien. Si je parle de cela, c'est parce que je pense encore à ces vieilles méthodes, en fait des méthodes d'amateurs. Nous manquons de professionnalisme, en réalité. Y compris à droite. Il faut faire de la politique en vrai professionnel, pas en amateur.

C'est vrai qu'il y a un côté très français, très « je serre des pinces, je fais des gros meetings », mais même quand ces meetings sont de vrais shows, la façon de faire de la politique en France reste plus un art qu'une science.

Oui, nous sommes tous des artisans. Nous travaillons comme des artisans alors qu'on devrait travailler plus efficacement. Réfléchir, étudier, nous former. Bien sûr, nous avons des *think tanks*, de quoi faire de la com. Mais je crois surtout qu'il faut du discernement. On ne peut plus faire les choses comme avant. Tout a tellement changé. L'explosion médiatique, la globalisation, le monde est un petit jardin.

Un petit village comme le théorisait Donella Meadows. Vous connaissez ?

Non, je ne connais pas.

C'était une biophysicienne américaine, professeur au MIT. Elle a disparu brutalement en 2001 mais elle a consacré sa vie à la globalisation et au développement durable. C'est elle qui a fait cette trouvaille de génie, pour ses étudiants, pour leur faire comprendre l'ampleur des disparités sur la planète. Si la terre était un village de cent personnes, 59 % des richesses seraient détenues par six personnes. Une seule aurait fait des études supérieures et deux seulement posséderaient un ordinateur.

C'est très frappant effectivement et surtout très pédagogique. Oui, je crois que c'est le principal défi du siècle à venir. Réaliser que la terre est en fait un petit jardin et que nous sommes tous liés. La richesse de l'un doit entraîner la richesse de l'autre. La démocratie de l'un doit pousser dans le dos la démocratie de l'autre. Notre société très rationnelle, surtout la société française, a totalement oublié ces liens invisibles qui nous unissent tous. Ça n'est pas du romantisme, c'est la réalité concrète de la vie. Aujourd'hui, je roule dans une voiture dont les pièces ont été fabriquées aux quatre coins de la planète, mes habits sont faits de textile qui arrive de l'autre bout du monde. Personne aujourd'hui ne peut dire qu'il ne dépend pas de quelqu'un, quelque part, bien loin de son quartier ou même de sa ville. C'est assez effrayant mais c'est en même temps très enthousiasmant. Ça veut dire qu'il n'y a aucune limitation au progrès si les grandes nations décident de jouer le jeu, d'entraîner le mouvement, vers le haut et non vers le bas, vers l'avidité, la voracité effrénée d'argent, de retour sur investissement, de croissance à tout prix, souvent d'ailleurs au prix de la nature… Moi, je crois vraiment au développement durable créateur d'une nouvelle économie. D'ailleurs, si je suis élue un jour, j'en ferai le chantier prioritaire du quinquennat. En fait, je crois à cette ligne politique très simple : penser globalement et agir localement. Voilà pourquoi je crois autant à la décentralisation. Regardez cette crise. Cette grave récession qui arrive. Peut-être même la grande dépression, la seconde. Je sais le système assez puissant pour se remettre, bricoler des solutions, trouver des rustines, replâtrer les fissures du barrage. Sauf que la prochaine nous emportera vraiment, sans espoir cette fois. Mais le cynisme des banquiers, du capitalisme financier est tel, la façon de voir le monde est tellement pervertie, encore une fois par cette boulimie de fric et de rentabilité, que cette crise, qui devrait être pour nous une formidable opportunité de tout changer, que cette crise risque de ne servir à rien. Et regardez où nous ont mené les gens compétents, les supposés hommes d'État. Regardez bien tout cela. Ils ont mis le système dans le mur. Je suis sidérée de voir la mollesse de la presse, y compris internationale, qui louvoie et trouve des excuses. Mais vous vous êtes laissé enlever votre pouvoir, ce quatrième pouvoir, aussi perverti que le pouvoir économique et politique. Ce sont des murs qui se dressent devant nous mais je pense que la parole citoyenne gagnera.

Vous êtes une femme de gauche ?

Ah oui alors, c'est absolument certain. Je n'ai aucun doute sur la question ! J'ai la tripe, le cœur, l'âme à gauche. Mais je crois aussi que les problèmes ne sont ni de gauche ni de droite. Les solutions, si. Elles sont de gauche ou de droite. Même si certaines réformes doivent être consensuelles et républicaines.

C'est quoi, la droite ?

Reconnaissons d'abord à Nicolas Sarkozy qu'il a dépoussiéré la droite, qu'il a fait émerger une droite moderne mais encore plus ultra-libérale, ultra-capitaliste, une droite qui persiste et qui signe. La droite pour moi aujourd'hui est synonyme de voracité et d'individualisme. Elle fonctionne avec des lobbies. Il faut les bousculer, les lobbies, il faut les menacer. Vous comprenez. En plus, lorsque vous créez du rapport de forces, les lobbies s'adaptent, ils savent le faire. Il faut leur rappeler ce qu'est la règle. L'ordre juste. Je ne vois pas ce que je pourrais trouver de mieux dans ma vie politique que ce concept auquel je crois : l'ordre économique, politique et environnemental juste. Il faut absolument tout changer en gardant ce triptyque à l'esprit. Il faut tout bousculer ! Moi, je sais tout bousculer. Je sais renverser une table. Ça ne me gêne pas. Mais alors pas du tout. Surtout quand c'est une question de survie nationale et planétaire. Il faut savoir être mal élevée, je veux dire par rapport à cette fausse bonne éducation qui ne masque en réalité que le désir de sauvegarder ses propres intérêts.

Bref, vous vous préparez...

Oui, mais à mon rythme, sérieusement. Même physiquement. Une présidentielle, une campagne, c'est presque de la haute compétition. Il faut une préparation sportive. Il faut du coffre. J'en ai mais j'ai trop puisé dans mes réserves personnelles la dernière fois. Je dois apprendre à m'économiser, à canaliser mon effort. Je n'ai pas su vraiment le faire la dernière fois ! Et je ne suis pas certaine que mon physique m'avantage. Lorsque j'étais à Florence, une amie italienne m'a dit avec son accent : « Ségolène, vous êtes trop jolie. On ne vous élira jamais. Ça fiche la trouille une femme jolie au pouvoir. » Ça m'a fait rire mais après j'ai réfléchi. On m'a rapporté la réflexion d'un électeur socialiste assez âgé qui n'a pas voté pour moi. Quand mon ami lui a demandé pourquoi, il a répondu le plus simplement du monde « Ben, parce que au premier sommet international, y aura forcément un joli gars, chef d'État ou ministre, qui va lui tourner la tête ! » Comme si c'était mon genre… (*Éclats de rire.*) Mais c'est drôle d'avoir à lutter contre tout et son contraire. Une femme en politique n'est pas assez jolie ou trop jolie, pas assez mince ou trop mince, pas assez bien habillée ou trop bien habillée… Bref, je le répète, ça ne va jamais jusqu'au jour où ça finira bien par aller ! Et ça devient lassant de se justifier sans arrêt sur son look. La tunique bleue, tu parles ! Je l'ai achetée dans un bazar de Pondichéry lors d'un voyage de coopération de ma région. Je ne sais plus quel flagorneur a dit que c'était un mix entre Indira Gandhi et Barak Obama ! N'importe quoi ! Simplement Ségolène Royal, ça me suffit !

Il est 18 heures. Rideau sur cette journée de détente et d'entretien. La ligne de crête a déjà disparu. Une fraîcheur humide s'installe. L'automne se rappelle à nous. Deux heures plus tard, retour à Athènes. Des kilomètres d'embouteillages. Les quartiers s'animent. Nous sommes samedi soir. Un jeune policier ouvre la circulation sur sa moto. Un peu maladroitement. Ségolène Royal s'amuse, mime les ordres entre officiers de sécurité. « La personnalité arrive à l'hôtel, je répète, la personnalité arrive. » Elle rit aux larmes. La voiture trace. « Vous croyez vraiment que c'était *too much*, "Fraternité" scandé par des milliers de gens, Françoise ? » Question de but en blanc, à la Royal. « *Too much*, ça dépend pour qui. Pour vous et la salle, apparemment pas. Pour nous, qui étions extérieurs à la communion, oui, *too much*. En tout cas, désarçonnant. Surtout pour l'auditeur qui se lève, un dimanche matin, et n'entend que le son dans son poste de radio. Effet bœuf garanti! » Et d'imaginer le cadre sup se brossant les dents en écoutant le journal d'Europe 1 ou le prof devant son bol de café qui prend ses nouvelles sur Inter. Fou rire général. « Et vous, vous le referiez, madame Royal? Faire scander "Fraternité" à 4000 personnes pendant deux minutes? — Bien sûr! » répond-elle avec un aplomb parfait. Il n'est pas né, celui qui fera admettre, au moins publiquement, à Ségolène Royal qu'elle s'est peut-être trompée.

Retour à une terrasse. Ici, il fait encore chaud. Même lourd. Ce soir, les nuages de pollution masquent la lune sur le Parthénon. Conversation concentrée sur la crise et la révolution.

Vous m'avez dit tout à l'heure que vous pouviez renverser la table. Vous vous diriez révolutionnaire?

Oui, vraiment. Je suis capable d'une force... allez, disons une force athénienne, de notre amie Athéna, si je crois à une idée. Je suis capable d'aller à la barricade. Contrairement à d'autres, les manifestations, par exemple, ne m'ont jamais fait peur. Jamais. Marcher pour ses idées, faire des piquets de grève pour ses idées, chanter sur une barricade pour ses idées, et même narguer le pouvoir, lui faire un pied de nez, ça ne me dérange pas.

Gavroche, en fait...

Oui, pourquoi pas. En tout cas, pendant la présidentielle, ça ne m'a jamais gênée, je ne me suis jamais sentie mal à l'aise devant les piquets d'usine. Jamais décalée. J'ai fait ça toute ma vie, et très naturellement. Pour soutenir les ouvriers, les ouvrières. Ça n'est pas fabriqué chez moi et les gens le sentent, je vous assure. Je ne me suis jamais fait siffler à un piquet. Formidable, non ? La bourge qui s'habille au Bon Marché, jamais sifflée. Pour en revenir à la révolution, oui, je me sens révolutionnaire, capable de déployer toutes mes forces pour convaincre ou pour combattre une idée qui me paraît injuste.

Regardez cette crise qui ne peut aller qu'en s'aggravant. Il faut frapper le système financier, être sévère, très sévère, pour l'obliger à se réformer. Frapper sur la connivence, l'organisation économique qui marche sur la tête, qui choisit de se servir plutôt que de servir. Il faut tout revoir et les coups de mentons ne suffisent pas. Il faut contraindre. Interdiction de plans sociaux dans les entreprises qui font des bénéfices, interdiction de délocaliser, nationalisation définitive de certaines banques et pas seulement partielle. Je vois bien ou veux en venir Nicolas Sarkozy. Faire une parenthèse, et pendant la crise les affaires continuent : détricotage du code du travail, privatisation de la Poste, démantèlement du service public, laminage de la fonction publique, et particulièrement du secteur le plus important à mes yeux : l'Éducation nationale, rentabilité partout tout le temps, pression sur les chômeurs plutôt qu'aide réelle à retrouver un emploi… Et surtout pas un millimètre de recul sur le bouclier fiscal, le péché originel. Je pourrais multiplier à l'infini. Écran de fumée pour pouvoir tranquillement casser, désosser tous les fondamentaux de ce pays. Je suis frappée de voir à quel point, là encore, la presse est moutonnière. Trois coups de menton et voilà Sarko qui a sauvé le monde ! Je suis frappée aussi par le niveau de propagande, gluant, presque gênant de plusieurs groupes de presse, toujours les mêmes d'ailleurs, qui accompagne ce mouvement. Je t'en ficherais, moi, de la com ! On est tous au bord de l'apocalypse financière, ce sont tout de même les copains idéologiques de M. Sarkozy qui sont en grande partie responsables de ce carnage, et il voudrait encore nous faire croire qu'il a changé, qu'il a muté ! Sarkozy est un prédateur, ami des prédateurs financiers, et je ne crois pas une minute, pas une seconde à ses bonnes intentions pendant et après la crise. C'est un parfait cynique.

Vous n'êtes pas cynique vous-même, c'est inhérent à la fonction politique.

Eh bien, il serait temps aussi de tout casser pour tout reconstruire. Non, je ne suis pas cynique. Je suis une femme morale, je crois. Qui porte, et de plus en plus, attention aux autres. La plus belle attention qu'on puisse porter aux autres, c'est d'imposer un ordre juste... Économique, social, environnemental. Il faut remettre la règle au cœur du système, des décisions, la rappeler et l'appliquer. La règle est vitale pour un individu, pour un pays, parce que sans règle il n'y a pas de transgression. La règle protège en fait, elle émancipe ; plus vous créez d'interdits, plus la liberté s'instaure. Vous comprenez, c'est comme l'art contemporain, la sculpture ou la peinture. La plupart des grands artistes contemporains ont à la base une formation classique, très rigide, très codée, qui leur permet ensuite de s'envoler littéralement, de dépasser leur règle de départ pour créer des valeurs.

C'est drôle ce que vous dites. Nijinski, que je tiens pour le plus grand danseur de l'histoire de l'humanité, s'envolait littérale-

ment au-dessus du sol quand il dansait. Mais, même interné dans un hôpital psychiatrique en Suisse, il s'astreignait à la barre plusieurs heures par jour. C'était sa règle, son entraînement. Mais personne ne dansait comme lui. On aurait dit un oiseau magique.

Il faut donc poser des règles, du corps de ballet ou du conservatoire si vous voulez, pour permettre à chacun de s'émanciper. C'est vital, et tout cela dans le respect de l'autre. Quand 10 % de la planète possède 90 % des richesses, comment voulez-vous que ça finisse ? Enfin, c'est du bon sens absolu, pas besoin d'avoir fait Harvard pour le saisir. C'est du bon sens, et c'est tout. C'est là qu'intervient le rôle du politique, de la persuasion, de cette force de décision qui fait le lien entre la finance, l'industrie, l'environnement et la géopolitique. C'est la politique au cœur de tout. Et je reste persuadée que ça ne peut se faire qu'avec la gauche, qui comme je l'ai dit au Zénith rassemble, unit et construit quand la droite divise, sépare, s'enrichit et détruit. En plus, je crois à la vertu de la pédagogie. Quitte à me faire traiter d'instit, je crois qu'il est nécessaire d'expliquer aux gens comment fonctionne le système et comment on peut le changer. Sans mots compliqués, sans créer de la confusion. Je crois vraiment à cette vertu-là, dans les années qui viennent : expliquer et, ensuite, agir ensemble, avec la démocratie participative. Je ne suis pas certaine qu'il existe un meilleur système aujourd'hui, une meilleure façon de fonctionner, mais elle demande aussi de lâcher du lest sur l'orgueil, les présupposés, l'arrogance. Je crois que l'arrogance détruit tout. Qu'elle mène à la défaite.

Oui, c'est une véritable maladie dont on s'aperçoit souvent trop tard qu'elle nous a tués. C'est une forme de cancer de la pensée. Je me souviens de ce que nous ressentions quand nous couvrions Matignon à l'époque où Lionel Jospin était Premier ministre. Je ne citerai pas les noms des ministres ou des conseillers, mais l'expression qui nous venait spontanément, c'était « socialistes arrogants ». Il y a un manque d'humilité évident dans tous partis.

Oui, et sans humilité on bloque la machine. Les négociations patronnat-syndicats, la diplomatie, les sommets internationaux, la gestion au quotidien des régions, des départements, des villes. L'arrogance, vous avez raison, tue plus sûrement un homme ou une femme politique qu'une mauvaise campagne. Mais c'est difficile de la combattre parce que parfois on ne se rend même pas compte qu'on est arrogant.

Vous l'êtes ?

J'ai probablement eu des crises d'arrogance, quand j'étais jeune conseillère ou dans ma carrière, quand les choses vous montent un peu à la tête. C'est normal. Mais je crois pouvoir dire sans trop me tromper que les trois ans que je viens de passer m'ont guérie d'une forme d'arrogance. Enfin, je le crois, sinon c'est à désespérer de tout…

Fraternité !

Paris, mardi 25 novembre 2008

Ambiance crépusculaire. Un petit côté rétro, Soviet suprême, qui amuse beaucoup les journalistes venus en masse pour ce conseil national qui doit valider l'élection de Martine Aubry. François Hollande semble lire son épitaphe à la tribune, avant d'aller se rasseoir et de se plonger rageusement dans l'envoi de SMS. Daniel Vaillant est heureux. Il peut l'être. Le parti de Lionel Jospin a gagné. D'ailleurs, Jean Glavany fait de l'humour. Et personne naturellement ne rit. Martine Aubry n'y est pas. Premier discours timoré pour une première Première Secrétaire du premier parti d'opposition de France. Au fond de la salle, Claude Bartolone regarde ses chaussures. Au dîner, les amis de Benoît Hamon rigolent déjà. « Martine ne va pas nous tenir avec la formation tout au long de la vie et le blablabla sur la rénovation », s'amuse Pascal Cherki avant d'ajouter : « De toute façon, ce sera toujours mieux que Ségolène. » Voilà, Tout est dit. Toujours mieux que Ségolène. Que retenir de ce conseil national ? La gaffe d'Aubry. Lorsqu'elle annonce qu'elle présentera sa direction le 6 décembre. Étonnement de François Hollande à la tribune. La nouvelle première secrétaire s'interrompt.

« Mais si, François, nous l'avons fixé ce matin ! » La salle se gondole, même Royal au premier rang. Le matin, c'est-à-dire avant même que la commission chargée d'examiner les litiges sur les votes ne se réunisse à nouveau. En fait, il n'y avait guère que les journalistes pour croire que cette commission travaillait sérieusement. 102 voix au final séparent les deux femmes. Que retenir de ce conseil national ? Les applaudissements mesurés d'un parlement qui sait bien, en son for intérieur, que le processus était vicié depuis le départ, que les dés étaient pipés depuis le départ, et qu'à force de les faire rouler en tout sens on voyage jusqu'au bout de sa nuit. Ils l'ont fait. Oui, ils l'ont fait et rien n'aurait pu les en empêcher. Balayés les appels à la sagesse, évacués les discours de raison, radiés les mots d'apaisement, expulsé le simple bon sens, jetée au feu la courtoisie. Ils l'ont fait. Quand un ancien Premier ministre suggère à dix journalistes éberlués que l'ancienne candidate socialiste à la présidentielle serait un nouveau Marcel Déat en jupons ; quand un premier secrétaire sortant, compagnon privé-public, est capable d'accompagner jusqu'au bout la mise à l'écart de son ex-compagne au nom d'une logique uniquement politique qui le place désormais directement en concurrence avec elle ; quand les ennemis de trente ans deviennent amis de deux mois pour propulser à la première place, sur le fil, comme pris en otage, une première secrétaire dont la principale vertu à leurs yeux est d'être une femme pour abattre une autre femme ; quand les cordes, les couteaux, les surins s'enveloppent aussi grossièrement dans une idéologie aussi fumeuse qu'improbable ; quand les vieux chevaux de retour applaudissent au balcon, sûrs de leur fait et de leur bon droit, quand la presse mi-amusée mi-effarée assiste et commente cette vaste fumisterie, en ne sachant pas vraiment qui sort vainqueur ou vaincu de ce spectacle où s'entrecroisent en permanence l'irresponsabilité, le narcissisme, la triche à grande, moyenne ou petite échelle, les rancunes politiques, les souffrances affectives et l'arrogance ; quand un parti politique est capable d'offrir à ses électeurs cet épisode sur fond de triche et de haine à ciel ouvert, quand un parti politique en est là, comment peut-il à terme éviter une scission ? Entre dramaturgie et absurde, la petite troupe qui suit le parti socialiste, elle, se marre franchement. Avant, pendant et après le conseil national. À la fois fatiguée et ravie de vivre ces heures-là. Qui ont commencé le 6 novembre, avec la victoire surprise, à la majorité relative, du texte de Ségolène Royal. Depuis des mois, l'artillerie lourde des sondages mitraille chaque semaine les tranchées de l'ex-candidate. Chacun se prépare, à Reims, à lire son oraison funèbre et à sacrer Bertrand Delanoë. Pourtant, sa petite équipe veut encore y croire… « Ça va le faire, ce congrès, je suis sûre. » Ainsi parle Emmanuelle Huet, l'assistante de Ségolène Royal. Visage de poupée, patience sans limite, loyauté sans faille. De tous les combats, de toutes les virées, de toutes les soirées, de tous les chagrins et aussi de toutes les joies. Presque un membre de la famille. Qu'elle a vue se disloquer. Elle en parle peu mais demande parfois : « Qu'est-ce qui leur est arrivé ? » Question récurrente qui atteindra son paroxysme lors de ce congrès de Reims. Car si la coalition du Tout sauf Royal est parvenue à l'empêcher de s'emparer du parti, François Hollande aura joué un rôle majeur dans la défaite de son ex-compagne. Ce soir-là, le 6 novembre, les résultats tombent au goutte-à-goutte. Mais déjà la tendance est assez nette en faveur de la motion Royal. L'ex-candidate a réuni ses soutiens boulevard Raspail. C'est l'un des faits de cette campagne de congrès. Malgré les coups de boutoir et les ambitions personnelles, les arrière-pensées et les petites vacheries, une équipe s'est bel et bien structurée autour d'elle. Manuel Valls l'a rejointe, malgré des mots très durs, dans l'année écoulée. Mais il s'est raccroché à l'attelage. La motion E arrive en tête avec 29 % des suffrages, devançant de quatre points Bertrand Delanoë et de cinq Martine Aubry. Quelques jours avant, François Hollande l'avait dit haut et fort : « Il est naturel de se ranger derrière la motion arrivée en tête, dont le premier secrétaire sera forcément issu. » Vérité d'hier n'est plus vérité du jour. Au petit matin du 7 novembre, le premier secrétaire estime que c'est une majorité relative courte et que ce sera très difficile. Pendant dix jours, tout le monde va « promener le chien ». Ségolène Royal fait des propositions d'alliance dont elle sait parfaitement qu'elles seront refusées par ses « partenaires », une formule en forme de pied de nez qu'elle répète à l'envi. Lucide, l'ex-candidate. Ils veulent la tuer. Elle le sait mais elle fait comme si. Martine Aubry elle aussi fait comme si. Répond au coup de fil de Royal : « Ségolène, tu es légitime. Si tu es candidate, je ne le serai pas. » Les promesses n'engagent que ceux qui les écoutent. Bertrand Delanoë, lui, n'en finit pas d'être mauvais perdant. Colère dans le bureau de Raspail, face à Ségolène Royal. « Tu ne m'as pas épargné avec le social-libéral, s'énerve-t-il. Tu m'as tiré dans le dos. — Bertrand, en matière de manquement, la liste de mon côté est très longue. Jospin, Allègre, Fabius… » Delanoë rigole enfin. Un petit rire dans une heure d'entretien au couteau…

Dans le même temps, Royal doit gérer son propre groupe. L'amener à accepter sa candidature, qu'elle a mise au « frigidaire » pour reprendre son expression… étonnante. C'est chose faite, après quelques discussions serrées avec Vincent Peillon, Gérard Collomb et Jean-Noël Guérini. Ils savent qu'elle seule peut s'imposer devant les militants face à Martine Aubry. « Le leader c'est elle et c'est tout », résume Jean-Louis Bianco.

Le congrès s'ouvre avec une candidature : celle de Ségolène Royal au poste de premier secrétaire. Elle, contre le reste du monde. Elle s'est installée à l'hôtel Continental, avec son équipe, loin de l'hôtel de la Paix, le bien nommé, où se retrouvent la plupart des leaders socialistes. Son premier discours du samedi tourne à l'épreuve de force. Elle y parle d'un PS qui est malade, qui doit se soigner, apprendre à se pardonner et à s'aimer un peu. Des mots qui déclenchent à intervalles réguliers des sifflets et des ovations. Un discours qu'elle revendique, au nom de la sincérité, de la lucidité politique, et parce qu'elle ne croit plus aux codes en vigueur dans un congrès. Et qu'elle pense vraiment que ce parti est malade. Elle descend de la tribune, salue Martine Aubry, reste quelques instants et regagne son hôtel par une porte dérobée. La veille, son arrivée a suscité une cohue indescriptible : photographes qui se battent entre eux, journalistes bousculés, coups de poing entre le service d'ordre submergé et la presse. Royal est obligée de rentrer dans sa voiture avant de pouvoir être extraite par des gros bras qui distribuent les marrons à la meute médiatique. Cette fois, la sortie est discrète. Et si certains de ses conseillers ou de ses alliés politiques sont désarçonnés par les mots qu'elle vient de prononcer, ils n'en laissent rien paraître, car il faut rester groupés. « De toute façon, ils veulent nous faire la peau quoi qu'on fasse et quoi qu'on dise », murmure, rageur, Manuel Valls. La nuit des résolutions donne raison au député, qui a retrouvé dans ce combat l'ardeur catalane qui est sa marque de fabrique. Trente-cinq mètres de tables de négociation. François Hollande ne contrôle plus rien. De toute façon, qu'y a-t-il à négocier ? Rien puisque rien n'est négociable. Surtout pas une synthèse même partielle avec Ségolène Royal. Les amis de Bertrand Delanoë comme ceux de Martine Aubry sont très clairs. Pas de synthèse. Rien. Même

Michel Sapin, son ami de jeunesse, compagnon de l'Ena, le plus proche de Hollande, lui demande de retirer sa candidature qui crispe trop la compétition. Même Jean-Marc Ayrault en appelle à sa sagesse. Il ne sortira rien de cette nuit des résolutions. Chacun le sait. Ségolène Royal claque la porte vers 1 h 30 du matin avec son équipe, théâtrale en diable, et dénonce les méthodes d'un autre âge. Mais à l'intérieur, les alliés du Tout sauf Royal sont tellement disloqués par leurs propres intérêts qu'ils ne parviennent pas à s'unir contre elle. Jusqu'au bout Bertrand Delanoë propose Harlem Désir comme candidat commun, jusqu'au bout Benoît Hamon croit aux promesses de Martine Aubry et de Delanoë qui lui jurent qu'ils feront voter pour lui s'il est candidat. Vérité de la nuit n'est plus vérité du petit matin. Claude Bartolone, Laurent Fabius et Daniel Percheron, le tout-puissant président du conseil régional du Nord-Pas-de-Calais, sont passés par là, à l'heure du laitier. Ils parviennent à convaincre Martine Aubry d'y aller. 9 h 30, elle est candidate. Le 25 novembre, son élection est validée par le conseil national après quatre journées où le PS est tombé dans son précipice. 102 voix d'avance sur Ségolène Royal. Une nuit de second tour digne des pires scénarios de série B. Personne ne saura jamais vraiment ce qui s'est passé dans cette salle du premier étage de la rue de Solférino. Personne ne saura par quel sortilège le premier secrétaire en personne, François Hollande, confirme à quelques journalistes, vers minuit, que Royal est largement en tête à 53 % et comment elle termine avec une poignée de voix de retard à 6 heures du matin. Explication officielle... les grandes fédérations n'étaient pas rentrées... en l'occurrence le Nord et la Seine-Maritime, deux des principaux soutiens de... Martine Aubry. Une nuit de dupes pour les journalistes, baladés, manipulés jusqu'à 4 heures du matin par les deux camps. Une nuit de dupes pour deux femmes persuadées l'une et l'autre qu'elles ont gagné. À 102 voix, il fallait de toute façon s'entendre. Elles n'y arriveront pas. Ce 25 novembre en tout cas, Martine Aubry est officiellement désignée premier secrétaire du parti socialiste. Première femme. Historique! La scène aurait dû s'accompagner d'une liesse réelle, celle d'un nouveau départ, mais ce soir-là la Mutualité est simplement lugubre. Les discours s'alignent à la tribune. Applaudissements plus que mesurés. Le parti est à vif, les plaies sont ouvertes et chacun a décidé de ne pas y déposer son grain de sel. Menaces d'action en justice, victoire ric rac, contestée, contestable. Même Robert Badinter, qui ne se mêle jamais des affaires du PS, sort de son silence et demande dans un communiqué solennel qu'on revote dans les sections litigieuses. Il appuie la demande des royalistes au nom de l'intérêt et de l'apaisement du parti. Rien n'y fait. Badinter prêche dans le désert. Le moment du vote restera un moment de malaise profond. Les délégués doivent approuver l'élection d'Aubry. Ceux qui sont pour lèvent leur carton. À la tribune, François Hollande lève légèrement le doigt... un assesseur compte. Et du fond de la salle monte une voix... «Alors, François, tu votes?» Le premier secrétaire lève cette fois la main bien haut pour que tout le monde le voie... visage marqué, sourire forcé. Au premier rang, face à la tribune, Ségolène Royal lève son carton pour voter contre. Tout est dit dans cette image. Le fracassement public d'un couple éminemment politique qui a été l'une des clés de ce congrès. Les royalistes alliés aux hollandais auraient pu faire barrage à Martine Aubry. Ils ne l'ont pas fait. Dans l'entre-deux-tours, les hollandais auraient pu appeler à voter Royal, eux qui n'avaient pas de mots assez durs contre la dame des 35 heures. Très peu l'ont fait. Le premier secrétaire sortant aurait pu rentrer de Corrèze dans la nuit, approuver l'idée de nouvelles élections ou bien d'une direction collégiale. Il était presque d'accord puis il a changé d'avis. Pourquoi ? Personne n'a vraiment compris ce revirement brutal. Derrière l'élection de Martine Aubry, qui est aussi due à ses qualités politiques personnelles et pas simplement à la coalition politique qui l'a soutenue, il y a, en ombre portée, le désaccord profond d'un duo qui avait pourtant toutes les cartes en main pour gagner ensemble toutes les batailles. Désaccord final ? Qui peut le dire ? Qui peut dire comment les chemins s'entrecroisent ?

À l'issue de ce conseil national au parfum brejnévien, Martine Aubry rencontre la presse. Entourée d'Harlem Désir et d'Adeline Hazan, « ma super-copine », comme elle l'appelle. Sobre, premiers mots pour Ségolène, dit-elle, « avec laquelle je souhaite travailler ». Une déclaration, pas de questions. Cinq minutes plus tard, Ségolène Royal, entourée de son équipe, Vincent Peillon, Manuel Valls, Najat Belkacem ou Aurélie Filippetti, se livre au même exercice... Déclaration et pas de question. Un cameraman s'interroge : « C'est quoi ce pendentif qu'elle a autour du cou ? » Un drôle de petit bonhomme, en argent. Elle l'a rapporté de Grèce. Reproduction d'une statuette de quelques centimètres, devenue l'emblème du très beau musée de l'art des Cyclades à Athènes. On l'appelle « le Buveur de bière ». Elle date de 2600 ans avant J.-C. et symbolise cette culture disparue, probablement dans un gigantesque tremblement de terre, une culture qui magnifiait la femme, les arts et le culte d'Apollon. Ce petit bonhomme fascinant trône au centre du musée fondé en 1986 par Nicholas et Dolly Goulandris. Avant son départ d'Athènes, le 5 octobre, elle a tenu à visiter à nouveau ce musée qu'elle connaît depuis des années. « Il est vivant, il nous regarde, non ? » commente en souriant la conservatrice lors de la visite à une Ségolène Royal qui contemple depuis de longues minutes le petit bonhomme dans sa cage de verre. Un coup de foudre. Et une sorte de talisman qu'elle a beaucoup porté pendant cette campagne. Martine Aubry elle aussi a son collier fétiche qui ne la quitte quasiment jamais : une chaîne en or avec des menottes. Un jour où je me moque, elle riposte, mi-amusée mi-agacée : « Et alors, c'est ma fille qui me l'a offert, ça vous dérange ? » Non ça ne me dérange pas. Au contraire. Il y a quelque chose de touchant à voir, dans cette jungle, ces animaux mâles ou femelles, aussi implacables les uns que les autres, se raccrocher à leur trèfle à quatre feuilles.

Coup de foudre pour le petit bonhomme mais ce soir du 25 novembre c'est plutôt le coup de Trafalgar. Pour une poignée de voix, elle a échoué à briser cet appareil socialiste qui la hait, mais elle pèse quasiment 50 % du parti. Les mots sont cinglants et souriants. L'ex-candidate à la présidentielle entre en cohabitation. Une situation à la fois confortable et inconfortable. D'abord parce qu'elle a perdu et qu'elle n'a pas le parti à sa main pour le chambouler de fond en comble. Mais confortable car elle sait lire un rapport de forces. Martine Aubry seule, sans les fabiusiens, sans les strauss-kahniens, ne pèse que 13 % du parlement socialiste. Et Royal a payé pour voir à quel point le machisme profond peut générer une haine telle qu'un jour ou l'autre, si Aubry veut se déployer, la garde chevronnée qui l'a portée aux nues saura tout mettre en œuvre pour la faire redescendre aux enfers.

De tout cela, elle reparle… Ce 8 décembre dans sa brasserie parisienne fétiche. 10 heures. Petit déjeuner pantagruélique. Devant des œufs au bacon et des toasts beurrés, Ségolène Royal refait le chemin. L'œil est vif mais les traits sont tirés. Épuisée par la plus dure campagne de sa vie. Qui annonce d'autres campagnes. À vaincre sans péril…

Est-ce qu'on peut dire aujourd'hui « Qui perd gagne » ?

Je ne sais pas si c'est la bonne expression. Je continue à penser que je suis majoritaire. Beaucoup de gens inscrits sur les listes n'ont pas pu aller voter. Quelles que soient les circonstances de la désignation de Martine, je reste persuadée que j'avais la victoire au début de la nuit et qu'elle s'est volatilisée au petit matin. Mais les faits sont là : Martine est premier secrétaire et pas moi. Ça fait une grande différence. Ce qui fait encore plus de différence, c'est le sectarisme avec lequel nous avons été traités, mes amis et moi. C'est terrible, un tel aveuglement. Comment refuser la main de 50 % des militants, voire un peu plus ? Pourquoi ? Au nom de quelle logique politique ? Il n'y en a aucune. À dire vrai, je ne comprends pas cette stratégie, si ce n'est qu'elle est motivée par mon élimination. Faire tourner la vie du plus grand parti d'opposition autour de la seule question « Comment éliminer Ségolène ? », c'est à la limite de la monomanie.

Vous savez, depuis quelques jours, mes amis essaient de faire contre mauvaise fortune bon cœur. « De toute façon, Ségolène, ça aurait été infernal, cette situation. Si tu avais été élue, même d'une courte tête, ils t'auraient rendu la vie impossible. Regarde le niveau de haine, ils ne t'auraient pas laissé une minute pour respirer. »

Ça n'est pas faux, et c'est aussi ça la politique. Un gagnant et un perdant.

Certainement, mais je rejette absolument cette théorie qui me paraît être un conte qu'on raconte aux enfants.

Même avec quelques pour cent d'avance, j'aurais pu tout changer. Avec moi, la rénovation était immédiate, dans les cent jours. Déjà, Walter Veltroni, qui était de passage à Paris pour son livre, m'avait téléphoné pour organiser une rencontre dans la foulée de l'élection. Il était écœuré, m'a-t-il dit au téléphone. « Je suis là pour mon bouquin, disait-il. On se voit et on lance les pistes pour le forum global que tu veux organiser ! » La rénovation, c'était immédiat. Je lançais dans les cent jours une vaste campagne d'adhésion, tout le monde sur le pont à vingt euros. Et je déménageais. Dans un lieu vaste, clair, pas tarabiscoté comme Solférino, avec ses couloirs, ses escaliers. Non, un lieu moderne, sur deux plateaux, deux étages, très lumineux. Ah, c'est certain, ça aurait grincé, chouiné, tapé du pied, mais on déménageait. Dans un quartier populaire, ou vers Montparnasse, le 14e, un endroit qui sorte de cet étouffoir. On aurait loué Solférino, mais on se serait installés dans des lieux plus ouverts, plus fonctionnels, plus accueillants. C'est très important, ça n'était pas que symbolique. C'était un nouveau départ, le premier acte d'un vrai changement. De la fermeture à l'ouverture. Et j'aurais signé moi-même ce déménagement, sans écouter les menaces, les cris, les coups de gueule de ces gens qui au fond ne m'intéressent pas. Je comprends, cela dit, leur point de vue. Voilà ce que j'aurais dit au conseil national : « Les adhésions, c'est lancé, le forum global, on le fera au début de l'année, l'université populaire, on la lance ! Et on déménage, chers camarades, on déménage ! » Oui, ça aurait déménagé parce qu'il se serait passé quelque chose. Mais encore une fois, je comprends bien leur point de vue à eux. Ils ne peuvent pas déménager. Parce qu'ils pensent sincèrement que rien, au fond, ne doit changer. Et de leur point de vue, je comprends qu'ils soient satisfaits.

Quel point de vue ?

Leur point de vue, et la puissance qu'ils ont mise à me barrer la route. Ils savent très bien qu'avec moi ils ne peuvent plus fonctionner comme ça, que les méthodes auraient changé, qu'on aurait installé une nouvelle génération dans le parti. Ils savent que j'aurais réussi là où ils avaient échoué ! Fini les estrades, celui qui sait et ceux qui en contrebas écoutent religieusement. Vous voyez ce que je veux dire. C'est métaphorique mais j'aurais appliqué illico presto la démocratie participative, j'aurais créé une université populaire, on aurait fait revenir les jeunes des banlieues, ils seraient venus militer. C'est certain. Bref, il se serait passé quelque chose, un souffle, qui ne peut pas se passer de la même manière maintenant. Ce souffle de la présidentielle qu'ils cherchent absolument à éteindre, coûte que coûte, et que j'aurais su rallumer.

Vous pensez qu'ils vont y parvenir ?

Non, bien sûr que non, même si la première réaction, c'est de se dire : « Allez, là, ma petite, il faut tout recommencer », et recommencer. Comme si tout ce qu'on avait fait avant ne comptait pas. C'est un drôle de sentiment, en fait. Le tout ça pour ça. Ça m'a saisie quelques heures puis je me suis reprise. Parce que le piège, c'est justement de penser comme ça. De se dire qu'on n'y arrivera jamais. Que, quoi qu'on fasse, il y aura toujours une coalition pour vous barrer la route, pour mettre tout son génie, toute sa force à vous barrer la route. À tenir ensemble, oui, mais pour de mauvaises raisons.

Vous pouvez admettre qu'il y a quand même des socialistes qui n'aiment tout simplement pas votre façon de faire de la politique, ni même vos idées ?

Bien sûr, je respecte profondément ces opinions-là. C'est naturel. Je ne me sens pas d'accord sur certains points avec la gauche du parti par exemple. Je peux entendre ces critiques parce qu'elles sont fondées et ne reposent pas uniquement sur le Tout sauf Royal. Mais ça n'est pas légion et je me dis surtout : « Quel temps perdu ! Bon sang, quel temps perdu ! » Comment a-t-on pu perdre autant de temps, de force avec ça ? Pour en revenir au sentiment d'abattement, il a été de courte durée parce que je crois en moi. Je crois vraiment dans le lien que j'ai tissé avec les gens. Je crois aussi à l'entraînement de la présidentielle, à l'expérience de la présidentielle. Tout cela a un sens. Donc je continue. C'est ce que j'ai voulu dire dans la vidéo enregistrée en rentrant à mon bureau le soir du conseil national. Ne vous inquiétez pas, je continue. Et je persiste, 2012, c'est déjà demain. Et je vais continuer à fédérer, à faire tenir ensemble mon équipe politique sans laquelle rien n'est possible.

Comment avez-vous vécu ce lâchage de François ?

Pour résumer, la déception a été profonde. Je ne pensais pas qu'il changerait la règle du jeu en cours de route. Je pensais qu'il réagirait face à l'irrégularité des votes. Qu'il saisirait la proposition de Robert Badinter de faire revoter dans les sections litigieuses. Comme beaucoup de militants j'ai été stupéfaite. Mais vous savez, j'ai revu il y a quelques jours le film *Gandhi* de Richard Attenborough. Une phrase y revient sans cesse, « œil pour œil, et le monde serait aveugle ». Œil pour œil, c'est toujours tentant, c'est facile, mais c'est une mécanique dont il faut sortir. Comme il faut sortir du spectacle d'un grand parti politique qui n'a pas encore de règles de fonctionnement, de listes électorales ni de scrutateurs incontestables. Ça devrait être une contrepartie obligatoire au droit de percevoir les financements publics.

On n'a pas vraiment compris ce qui s'est passé la nuit du vote. Il y aura toujours un soupçon. De manipulation de la part de François Rebsamen et de François Hollande, qui confirme à plusieurs journalistes que vous êtes largement en tête vers minuit, y compris avec les projections sur les grandes fédérations et puis cette victoire au petit matin de Martine Aubry. Avec l'enfumage toute la nuit des amis d'Aubry qui annoncent jusqu'à 1 700 voix d'avance pour elle vers 3 heures du matin. Laissons cela de côté, puisque la vérité est certainement au fond du puits. Comment avez-vous passé cette soirée ?

Chez moi à Boulogne, entourée de quelques amis. En fait, François Hollande ne m'a pas contactée directement. Il a contacté mon attachée de presse en disant que la victoire était nette et incontestable. Il souhaitait me parler rapidement. J'étais en train de rédiger mon discours de victoire justement quand tout a commencé à changer. Je crois que c'est l'inversion des résultats, telle qu'elle s'est déroulée, qui a été le plus dur à vivre. C'est assez violent. Depuis la veille, je sentais que ça allait passer mais tout en restant prudente. Je sentais que tout pouvait arriver. J'avais du pif, remarquez ! Que ça n'était pas possible qu'ils me laissent passer. Mais en même temps je sentais que la dynamique était pour moi, notamment sur le report des voix de Benoît Hamon. Donc j'étais chez moi, en train de rédiger ma déclaration de première secrétaire. Contrairement à ce que racontent certains journalistes, non, je n'ai pas fait demi-tour, rebroussé chemin. Ça n'est pas mon genre. Si j'avais quitté Boulogne pour rencontrer la presse, je peux vous dire que j'y serai allée, à la maison des Polytechniciens, et même à la questure, où était Martine, et qu'on aurait causé, comme on dit chez moi. (*Sourire.*) Mais à bien y réfléchir, je crois que ni elle ni moi n'étions en état de parler. D'ailleurs, les coups de fil échangés dans la nuit en disent long. Dans ces moments-là, en fait, il est inutile de parler. Voilà, tout était dit. Il n'y avait rien à ajouter. Il y a des points très positifs : mon équipe politique. Tout le monde pensait que certains me lâcheraient pour entrer à la direction. Ça n'a pas été le cas. La nouvelle direction a essayé par tous les moyens de décrocher des gens très talentueux. Aurélie Filippetti, ou encore Guillaume Garot et même Gérard Collomb, mais tous ont dit non. En fait, malgré les petites sorties de route apparentes, nous sommes restés unis. Et nous allons nous structurer. Mettre en place dans nos propres fédérations ce parti dont nous rêvions à grande échelle, mais je vous rassure, sans faire sécession ! (*Rires.*) Et puis, je trouve que ce congrès aura au moins eu le mérite de montrer pour la première fois, réellement, que la coalition antiroyal existe vraiment. On m'a toujours fait ce procès en victimisation. Cette attitude de victime que j'aurais adoptée tout au long de mon ascension. Mais là, je ne pouvais pas rêver d'une démonstration aussi éclatante. Jusqu'au bout j'ai tendu la main, jusqu'au bout j'ai fait avec eux ce que j'aurais aimé qu'ils fassent avec moi. Ils ont refusé. Mais je n'abandonne rien, je ne lâche rien. Désirs d'avenir est relancé, plus mobilisé que jamais, j'ai plein de projets, notamment un film sur l'environnement car je veux vraiment me consacrer à cette question du point de vue économique. Dans la crise actuelle, les éco-industries sont une issue extraordinaire. Il faut travailler avec acharnement sur cette question. Je travaille aussi beaucoup sur l'éducation. Mon groupe d'économistes se remet lui aussi en marche, après cette parenthèse du congrès. Je sens aussi que le ciment tient bon avec de grands élus, comme Gérard Collomb ou Jean-Noël Guérini. Je ne dis pas que c'est facile, mais je vois bien le chemin.

Il y aura une prochaine fois ?

Sans doute… ça n'est pas impossible. Mais tout dépendra de ma capacité et de celle de mon équipe à nous y préparer. Avec un parti profondément transformé, ç'aurait été plus facile, mais je serai mieux préparée qu'en 2007. Mieux entraînée aussi. Parce que j'ai été la chercher au plus profond de moi-même, cette décision. Elle vient de très loin… de très loin vraiment. Du plus profond de l'élan populaire qui ne se dément pas ! Qui est toujours là ! Comme une évidence ! Il y a quelque chose en moi qui appartient désormais aux autres. C'est-à-dire à tous les gens qui veulent que j'avance avec eux et pour eux. Personne ne sait mieux que moi jusqu'où je suis allée chercher cette décision… Cette décision d'avancer. Parce que parfois j'ai eu le sentiment de ramper dans la cendre. Parce que j'aurais pu mourir. Oui…

mourir intérieurement… (*Elle réfléchit.*) Et puis voilà, je me suis remise debout.

Même pas morte ?

Non ! Je dois avoir un ange gardien.

FIN DU PREMIER ACTE

Remerciements

À ma famille, à mes enfants, à mes amis qui me soutiennent contre vents et marées, et à ces milliers de visages, connus et inconnus, qui aspirent à un autre avenir.

S. R.

À mon maître pour sa sagesse. Au chat pour son amour. À Ilana Moryoussef mon alter ego, à Nathalie Delucé pour son amitié sans limite. À ma mère pour son courage. À Patrick, Jean-Pierre et Marcus pour nos belles années au soleil. À Isabelle Mandraud pour sa loyauté. À la rédaction et à la direction de France Inter qui m'ont défendue par jour de tempête. À mes compères qui suivent les aventures du parti socialiste. Pour nos fous rires passés, présents et à venir. À ma tête de lard préférée, qui se reconnaîtra.

Et à Jean-Sébastien Bach…

F. D.

Table

Composition Qualame.
Impression CPI Bussière
à Saint-Amand (Cher), en février 2009.
Dépôt légal : février 2009.
Numéro d'imprimeur : 090376/4.
ISBN 978-2-20726098-2./Imprimé en France.

168218